開放式幼兒活動設計

——夏山學校對我國幼教的啟示——

盧美貴 著

作者簡介

盧 美 貴

學歷：

　　國立臺灣師範大學教育研究所教育學博士

　　考試院教育行政高考及格

經歷：

　　現任致遠管理學院幼兒教育學系講座教授

　　致遠管理學院講座教授兼人文教育學院籌備主任

　　吳鳳技術學院幼保系教授兼系主任

　　嘉義市教育委員會諮詢顧問

　　國立嘉義大學幼教所、國民教育研究所、國立暨南大學比較

　　教育研究所兼任教授

　　台北市立教育大學兒童發展研究所教授、幼兒教育學系教授

　　兼系主任

　　台北市政府教育委員會顧問

　　東莞台商子弟學校董事

　　香港中文大學教育學院校外口試委員

　　澳門教育暨青年局幼稚園課綱指導委員

　　澳門大學教育學院兼任教授

重要著作與研究：

2006 年。幼托整合後教保員專業課程研究。教育部專案。

2006 年。課程地圖—統整課程與幼稚園到十二年級的評量。
　　　　台北：心理。

2006 年。幼稚園教材及親子手冊。江蘇教育出版社。

2005 年。多元智能本土化課程研究。國家科學委員會專案。

2005 年。幼兒教育概論（二版）。台北：五南。

2003 年。幼兒教育課程發展理論與實務（譯）。台北：學富。

2002 年。我國五歲幼兒基本能力與學力指標之建構研究。教
　　　　育部專案。

1995 年。夏山學校評析。台北：師大書苑。

1991 年。開放教育。台北：師大書苑。

1991 年。開放式幼兒活動設計。台北：心理。

序　言

　　「開放教育」的精神，在使受教者成為學習的主控者，在師
生彼此尊重以及自由的氣氛裡，乘著創意的翅膀，讓自己的思維
悠遊馳騁於創造與想像的世界之中。山水國畫中最美的部分莫過
於「留白」，那是屬於藝術創造中的最高境界，因為無論是創作
者或欣賞者都能自由自在的切入那個美的世界。

　　選擇「開放教育」本土化的實驗研究與推廣，作為一生的職
志，只因為自己有著要使下一代學習得更充實與生活得更快樂的
心願，這也是當初毅然決然擇「教育」而無悔的初衷。「你不能
當名拒絕聯考的女子，應該把對現實教育的不滿情懷化作來日改
革教育的力量，因為這是個講求『學歷』與『學力』的社會」。
只因為小學老師的一句話，至今讓我孜孜矻矻在教育工作崗位上
努力又努力。鍥而不捨的研究與推展開放教育正是這個生命的美
麗承諾與永恒的期許。

　　「開放教育」在台北市公私立幼稚園已做了將近三年的實驗
，在教育局長官，尤其是陳漢強局長（現任新竹師院院長）、林
昭賢局長、單小琳副局長、羅虞村主祕、鄭東瀛科長、許玉齡專
員、江素芝專員、蘇敏股長等人的熱心倡導與鼓勵，公私立幼稚
園曾舉辦多次的研討會及教學觀摩會，加上數十場次的幼稚園在
園輔導，已頗能將開放教育中的「課程統整化」、「教材生活化

」以及「教學活動化」的理念加以實踐，這是件令人可喜可賀的現象。

　　為使「開放式幼兒活動設計」的理論與實際更成系統，以及便於將來的再研究與修正，乃將歷年來進行研究所依據的文獻，以及所實驗的活動設計模式撰寫成書，共分為六章：第一章緒論——包括研究動機與目的、研究方法、步驟與範圍和名詞釋義；第二章我國幼教課程之演進——包括幼稚園課程標準及其修訂、幼稚園課實驗及其評析；第三章夏山學校的創立及其教育內容之分析——包括夏山學校的創立、發展及其教育內容分析；第四章夏山學校對我國開放式幼兒活動設計之啟示——包括課程與教材、教學方法與評量、輔導工作等方面；第五章開放式幼兒活動設計及其評析——包括開放式幼兒活動設計之理論基礎、實施與評析；第六章結論與建議。

　　未來的三年，教育局正著手積極接續「開放式幼稚園與國小低年級教學銜接」的實驗與推展，感謝教育局長官、毛連塭院長、盧素碧教授、王靜珠教授、王連生教授、高敬文教授、林靜子教授、江麗莉教授、黃意舒教授、王珮玲教授、魏惠貞教授、黃世鈺教授以及葉春梅校長、柳麗珍教授、林妃鶯教授、郭麗娟主任、鄭松韓所長的不吝指教；在研究過程中雙蓮、逸仙、大理、吳興、東新、成德、吉安和道生等幼稚園提供了優良的實驗環境，以及大力的師資、物力的支援，這都是筆者要深致敬意與謝意的。

　　「一腳步，一烙痕」。每次完成一個小研究或出版一本小書時，我總懷著無限的感恩與惕勉。我知道每一個「點」的研究，只是構成一條「線」的一個小小單位而已。宇宙何其浩瀚，如何

努力將「點」、「線」形成「面」和「體」,那是必須一生的勤謹努力與許多人貢獻智慧與協助的。生命像個百寶箱,鍥而不捨的研究與努力,正是使它無限制膨脹與多采多姿的動力。

　　感謝外子陳伯璋先生在研究方向與架構上悉心的指導、林佩蓉主任給了我專題研究的課程,讓我有機會與學生、園長、老師們切磋琢磨。恩師黃昆輝教授、林清江教授、黃光雄教授以及歐用生、黃政傑學長等人,在本研究的過程中給了我不少的啓迪與指引。心理出版社的許麗玉小姐是最該深致謝忱的,這本書是在她敦促與鼓勵下完成的,這麼熱忱、懇摯與幹練的「女強人」在出版界是不多見的。

　　「開放教育」在國內的幼稚園與小學都仍在試步階段,如何使這種模式「本土化」,並與小學有良好的銜接,仍有待各位長官、學者、專家以及園長、老師們不吝指教,因為您們的指教會使這項實驗研究更為完善與圓融。

盧美貴 謹誌

東坡庭園

80. 5. 10

目　　次

第一章　緒　論

第一節　研究動機與目的

　　精粹主義學派（Essentialism）學科中心課程（ the Sub-ject－centered curriculum）以及進步主義學派（ Progressi-vism）學生中心課程（the Student-centered curriculum）之爭由來已久。（註一）前者以為教師是學科專家，把教材有系統的整理及傳授給孩子是教育的鵠的；後者則認為教師是兒童學習的輔導者，兒童的需要是課程發展的起點。顯而易見的，學科中心課程係採邏輯方式組織學習及闡釋學習，這種方式通常有教科書為教學的依據，便於學生記憶未來使用的資訊。「學」是「教」的函數，即有怎樣的「教」，便有怎樣的「學」。「教」屬主動，「學」是被動的。（註二）學生取向的課程無論在學習的情境、氣氛的營造以及師生關係方面，迥異於學科取向的課程。它以學習者此時此地的學習動機、興趣、需要以及能力，做為課程設計所關注的焦點。由於學習內容的設計係基於學生的興趣與需

要，給予學習者選擇和最大的彈性，因此，學習者對整個學習的成效自然負有責任，教學不再只是教師單方面的職責。這種課程設旨在提供學習環境，協助學生從事各種學習活動，進而培養其為身心健康、富創造力、自尊自信、善處群的「完整人」。

　　一個理想的教學活動應包括認知（Cognitive domain）、情意（Affection domain）及動作技能（Psychomotor domain）等多重目標。學科取向的課程設計給予學習者組織系統的教育內容，對認知學習助益良多；學生本位的活動課程易收「課程統整化、教材生活化、教學活動化」之效，易落實情意及技能等教育目標。國內教育近年來大致以認知掛帥，其升學主義之缺失已為多方所垢病，倘能再擷長英、美開放教育中以學生為本位的學習優點，從較無升學壓力之幼兒階段做些本土化的實驗與研究，相信將可裨益國內幼兒教育的改革。

　　其次，幼稚園由於沒有固定的課程模式，加上坊間教材充斥，這些內容有的採分科或有的未顧及幼兒的身心發展，甚至各種偏難的才藝學習充斥其間。（註三）根據一項一千三百九十四所幼稚園的調查顯示：（註四）幼稚園自編教材者有五〇六所，佔百分之三五·七，自編、他編兼用者有二一三所，佔百分之十五，完全採他編教材者有六七五所，佔百分之四七·六。在歷年幼稚園的評鑑中發現不少自編或購自坊間的教材，在教師忙碌以及專業素養不足的情況下，教學目標、活動綱要、教學資源、活動程序以及評量等方面經常掛一漏萬，不能顧及團體、分組及個別的學習、室內、戶外以及動靜的均衡發展，以致使整個課程失去統整性、程序性和銜接性。由教育當局延聘學者專家與幼稚園實務工作者的人力與智慧，編製適合幼稚園大、中、小班的各種教

材，並引導其正確的使用，此爲當務之急，亦爲本研究的動機之一。

　　在政治、經濟、社會日漸開放的今日，教育實應加快腳步引導其發展的正確方向。艾倫（J. Allen）在其所編著「開放社會」（The Open Society）一書中，對開放社會做如下的說明：開放社會代表著一種社會的生活秩序，在此社會中的人們彼此珍視人類尊嚴的價值，並且共同普遍的享受一切價值生活。前中國教育學會黃理事長昆輝先生在其學會所出版「開放社會的教育政策」一書序文中，對艾倫此番話語有著深入而精闢的闡釋。他說：在政治上，開放社會注重人性的尊嚴，珍視個人的價值，政府的政策依多數人民的意願；封閉的社會，對外隔絕，故步自封，人民的思想行爲均爲其政權自上而下所控制，個人沒有獨立的思考判斷。在經濟上，開放社會的經濟行爲決定於市場經濟，也就是決定於消費者的慾望與需要；封閉社會的生產、消費和分配的程序，卻決定其統治政權。在文教上，開放社會的教育，提供均等教育機會，發展個人潛能，注重人性的陶冶，提高人生的理想，創造更大的文化價值；封閉社會的教育往往成爲統治階層維護政權的工具，教育的內容服從於科層化僵硬的制度與強制的教條，人們創思與創意受到抑制，人性的光輝也不易發揚光大。當前台灣社會已漸由「自由的經濟」邁向「現代化」社會之林，社會流動的速率加快、意見表達公開、制度革新民主化、決策型態合理化以及社會價值也漸多元化，（註五）在政治、經濟以及整個社會腳步開放的速求下，整個教育的目標、學習的內容以及教育的方法，亦勢必有所調適，教育脫離權威體制的束縛後，不僅教育制度更具彈性，即使是教育活動，也更強調自我的發展、自由

的學習以及愛與民主的教育方式。因此，期望在一個機會公開（Open-doored）、凡事透明化（Open-boxed）、人人儘量開口（Open-mouthed）表達意見及胸襟開闊（Open-minded）珍愛多元價值的社會裡，（註六）我們的教育，尤其是教育根本的幼兒教育，無論在形式或本質上，也都能夠配合開放社會的腳步日漸開放而開明。

　　追溯我國幼教思想啓蒙的孔、孟、荀、朱熹、王陽明等人，以及近代「奏定學堂章程」中的蒙養院之設立，民國七十年教育部公布的「幼稚教育法」以及民國七十六年教育部修訂公布的「幼稚園課程標準」的演進來看，莫不以蒙以養正、陶冶幼兒心性、注意幼兒身心發展，繼之以充實幼兒生活、增進幼兒經驗，擴充幼兒知能，以奠定幼兒健全人格爲務。然而，幼兒教育也因近年來國內升學主義的影響，一般父母「望子女成龍鳳」殷切，以及「先起步一定贏」的錯愛，產生了偏差的理念與措施。教育是人類特有的精神活動，其內容應包括認知領域（Cognitive domain）、情意領域（Affective domain）以及動作技能領域（Psychomotor domain）等學習的多重目標。教育的目標在教人成「人」，亦即成爲一個具有（To be）一個人性格與使命感的人。（Hart, 1970）教育的目的應該放在使人們發展出與他人和諧相處的能力。然而環視國內過多、過重的認知記憶學習，已使教育偏離了常軌。科技的神速進步已使人類發展了通訊系統，允許地球上的人和月球上的人交談，但是地球上卻有不少師生、親子間無法進行溝通與瞭解。人文主義學者重視人的價值、尊重個性、強調倫理及責任以及重視啓發創造潛能等特質，已成爲指引當代人類生活的指標，成爲對抗科技主義與反人性教育的一股清

流。

　　在智育過度膨脹，教育失去均衡發展以及約束太多，凡事講求標準化的我國今日教育，開放教育強調情意、認知與動作技能三合一的教育理念與實際措施，頗可供國內教育借鑑。（註七）夏山學校開放教育影響歐美，甚至東方的日本及台灣，（註八）如何讓這所強調情意教育，（尤其是潛在課程「Hidden curriculum」的重視）（註九）能夠本土化於台灣，藉以彌補國內升學掛帥下智育過度膨脹的偏失。「他山之石，可以攻錯」，如何採行「科際整合的研究方法」（Interdisciplinary approach）於幼兒教育，是本研究的另一動機。

　　基於以上的研究動機，本研究的目的如下：

一、探討我國幼教課程的演進，做為開放式幼兒活動設計本土化的指標。

二、分析夏山教育的內容與實踐。

三、評析夏山教育實踐內容，對開放式幼兒活動本土化的啟示。

四、探究開放式幼兒活動的理論，並評論其活動設計。

五、建立本土化的開放式幼兒活動。

第二節　研究方法、步驟與範圍

　　本研究主要在後續筆者博士論文「夏山學校評析」的本土化研究及教學模式的建立。一方面就尼爾（A. S. Neill）所創夏山學校教育實踐內容採敘述研究（Descriptive research）中的文

獻分析（Documentary analysis method），就其「完整人格」、「個性尊重」、「創造力激發」的教育目標；「重情意學習」、「五育均衡發展」，並以「潛在課程」爲主的課程內容，以及「自由民主的教室管理」、「擬情的角色扮演」和「重視過程評量」的教學方法加以說明，並就其實踐內容評析在我國幼兒活動課程本土化的可行性及落實方案。二方面將我國幼教課程及活動內容的演進加以說明與分析，做爲夏山學校開放教育本土化依循的指標。最後，將這三年來在台北市公私立幼稚園研究及推廣的過程與成果加以評析其得失，做爲第二階段再實驗、再修正時的參考。

在研究步驟方面，藉搜集與閱讀有關我國幼教活動及課程發展，析理本土化幼兒教育應循的方向。其次，將原博士論文中夏山學校教育實踐內容，可爲我國幼兒教育採行者，加以評析其本土化時實施應注意的要點。藉溝通及訪視採行此種活動課程的公私立幼稚園，第一個月利用教育局在園輔導時間，先將「開放式幼兒活動」的精神及做法加以說明及宣導，第二個月採逐步開放，或從教師角色、幼兒角色的改變著手，或從情境布置以及環境氣氛，亦即潛在課程做起，也有從早上幼兒來園的自由活動混班或混齡，以及採一天或兩天實施學習區（Learning center）個別化學習。爲使此實驗達立即修正之成效，實施半年後即開放全市觀摩教學，藉專家學者、幼教同仁以及教育局行政人員的指教，再實驗再修正；由於本研究僅就課程做設計，所以受教於此種幼稚園的幼兒其小學生活的適應並不在研究之列，實驗組與控制組各種學習行爲之比較爲第二期研究之重點工作。

研究的範圍分三個階段進行，本文呈現的是第一階段的內容

，從七十九年十月至今已完成大班「開放式幼兒活動設計」（台北市政府教育局），以及實驗幼稚園的報告及活動過程的幻燈片與錄影帶。第二階段正著手設計大、中、小班活動課程與教材、幼兒各種發展及觀察紀錄、評量表的編擬與製訂；第三階段擬製作配合各活動的教具、遊戲器材（包括團體活動、分組及個別化學習）、父母親如何介入幼兒學習的參考資料，以及開放式幼稚園與小學低年級的教學銜接等，冀望三年內完成此一系列的實驗研究。

第三節　名詞釋義

一、開放教育（Open Education）

係六十年代末期以及七十年代初期，美國小學教育的「顯學」，它淵源於英國「不拘形式的教育」（Informal education），與三十年代進步主義所主張兒童本位教育，及今日吾人所倡「人本主義教育」（Humanistic education）合流並闡揚光大。

此種教育尊重兒童個性與尊嚴，打破分科教學限制，佈置多采多姿的興趣中心，以鼓勵、支持兒童的自主學習。

本文所指的開放教育，以人本主義為其基本精神；適應個別兒童需要及培養自主學習能力為其教育目標；注重學習的情境佈置與形成性評量；採混班或混齡的學級編組，並且彈性的使用空間配置，是一種「課程統整化」、「教材生活化」以及「教學活動化」的教育方式。

二、潛在課程（Hidden Curriculum）

一般所謂的課程是指依據教育目標，以及學生的興趣、性向與需要，有計劃、有組織安排的學習和活動；潛在課程的定義，是指學生在學習環境中（包括物質、社會和文化體系），所學習到和非預期、非經計劃的知識、價值觀念、規範或態度。就其學習環境而言，學生在學校及班級的環境中，無論是物質環境（如學校建築、設備）、社會環境（如師生互動、同儕影響、編班方式、獎懲辦法）或文化環境（如校風、班風、升降旗及班、週會的各種儀式）都會對學生產生「潛移默化」的學習經驗；次就其學習結果而言，潛在課程是指有關態度、理想、興趣及情意方面的學習；再以其學習的影響來說，包括「有意」和「無意」兩種，亦即「有計畫」和「非預期」的影響。（註十）

三、活動課程（Activity Curriculum）

課程種類繁多，名目紛歧，而課程類型之基礎，實則兩類——分科課程及活動課程。此兩種亦是極端相反的課程類型。

本研究所指「活動課程」，係將幼稚園六大課程領域（語文、工作、常識、音樂、遊戲及健康），以幼兒的興趣、需要和能力為學習起點，不採分科教學，以幼兒的生活為學習內容，由幼兒自己從活動中擴大其經驗，幼稚園中只有活動沒有科目，採團體討論、問題解決法、閱讀、觀察、實驗、製作、參觀、扮演、分享、歌唱等方式。

四、學習區（Learning center or Learn area）

　　學習區是以個別化學習爲前提，依幼兒的興趣，將活動室佈置成幾個學習區，放置充分的教具、玩具或其他事物，讓幼兒自由觀察、取用與學習。每個學習區的設置都有其主要提供的學習經驗，其中材料或配主題活動，或不依主題，但是學習經驗均是以孩子的生活爲出發，符合孩子的興趣、需求與能力。它的佈置是一個整體的規劃，這整體的規劃以達成「認知」、「情意」和「動作技能」三方面均衡發展的「完整人」爲依歸。具體內容則以部頒幼稚園課程標準中六大領域：健康、遊戲、音樂、工作、語文和常識爲主，除園方有計劃，有意圖的學習經驗外，更注意家庭環境及其學習經驗中未經預期與設計，卻影響幼兒學習的潛在課程（Hidden curriculum）。將這些學習內容重新統整，轉換可以同時呈現在幼兒面前，讓孩子自由選擇與個別化學習，這便是「學習區」的最大意義。

　　一般學習區的佈置主要包括：娃娃區、益智區、美勞區、積木區和語文區；其次，尙有科學區、音樂區、繪畫區、圖書區域或沙水區等。（註十一）由於各個學習區的材料不同，因此可以提供不同的學習經驗。教師可依不同的主題活動開放各個學習區，如果空間許可，尙可再細分活動區，例如：美勞區可再細分爲繪畫區、勞作區、水彩區或黏土區等。

附 註

註一：A. C. Ornstein, Curriculum Contrasts： A Historical Overview, Phi Delta Kappan, 1982, 63 (6), p.404.

註二：黃政傑，課程設計的理論取向，師大教育研究所集刊，民七十八，卅一輯，頁卅。

註三：盧美貴，幼稚園評鑑報告，台北市教育局，民七十九，頁三十七。

註四：教育部國教司，幼稚教育課程研究資料七十五年度工作報告，民七十五，頁十七。

註五：林清江，建立開放而有秩序的社會，載於「開放社會的教育政策」，台北，台灣書店，民七十九，頁廿。

註六：黃炳煌，開放社會的課程設計與教科書制度，載於「開放社會的教育政策」，台北，台灣書店，民七十九，頁四三四。

註七：W. E. Broderick, A Tribute to A. S. Neill, Phi Delta Kappan, 1976, June.

註八：盧美貴，夏山學校評析，台北：師大書苑，民七十九，頁二一四。

註九：盧美貴，夏山學校「潛在課程」之分析，載於「台北市立師範學院國際幼兒教育學術研討會」論文集，台北市立師院兒童發展研究中心，民七十七，頁一二九。

註十：黃政傑，潛在課程概念評析，師大教育研究所集刊廿八輯，民七十五，頁一六五。

註十一：倪鳴香，發現學習的實踐——角落布置的設計原則與具體建議，載於「從發現學習邁向統合教學」，台北，信誼基金會，民七十一，頁卅。

第二章　我國幼教課程之演進

　　我國幼兒教育思想的萌芽雖可遠溯至孔、孟、荀及朱熹、王陽明等人，不過真正形成制度及設校，則應起至清光緒廿九年「奏定學堂章程」中的「蒙養院」。鴉片戰爭以前，中國的政治、經濟，乃至文化、教育等方面的表現，大致屬於封建主義的性質。就文教方面而言，孔孟思想和八股文形式的科舉考試形成國家教育制度的中心。鴉片戰爭以後，列強各國依據不平等條約在華取得特權，在對中國進行軍事、經濟、政治侵略的同時，也對中國進行文化教育的侵略。他們首先在中國傳教、設醫院、辦育嬰堂；其次，辦小學、中學以至大學。有識之士，如魏源、林則徐等人乃提出學習西方「軍事技術」的口號；馮桂芬提出「廢科舉、興學校，收貧民、採西學」的口號；容閎提出「建西學、派留學」的主張，在知識分子一片向西方學習的口號聲中，促成了中國幼稚園的產生。

　　中國兒童長期在封建禮教的束縛下，身心得不到健全的發展，失去天真、變得柔順、懦弱與板滯，甚至毫無獨立、自主的進取精神，兒童的興趣與情感更是被泯滅無遺。可是在一片模仿西學浪潮聲中，陶行知在其所著「創設鄉村幼稚園宣言書」、陳鶴

琴在其「現今幼稚教育之弊病」、張雪門在其「參觀三十校幼稚園後的感想」、「我國三十年來幼稚教育的回顧」、張宗麟在其「調查江浙幼稚園後的感想」、「中國幼稚教育略史」等諸研究中，均不約而同的提出了仿西後中國幼稚教育有著「外國病、花錢病、富貴病」等缺失，同時也批評當時幼兒幾乎沒有與環境和社會接觸的機會，因而批評當時的幼稚園為「幼稚監獄」。（註一）

批評封建時代傳統教育對孩子的摧殘，及對把外國幼稚園經驗依樣畫葫蘆照單全收，因而提出「本土化」的幼教理想，是中國近代幼兒教育的重要思潮。本章即從此觀點，分別從「幼稚園課程標準」及其修訂與「幼稚園課程實驗」及其評析兩方面，說明我國幼教課程的演進。

第一節　幼稚園課程標準及其修訂

我國的幼稚園是隨著癸卯學制的公布而產生的。西元一九〇三年慈禧太后任命張之洞、榮慶、張百熙等人，修改壬寅學制稱為「癸卯學制」。壬寅學制分為三階段七級，第一階段——初等教育分三級：蒙學堂四年，尋常小學堂三年，高等小學堂三年。第二階段——中等教育一級，即中學堂四年。第三階段——高等教育，分高等學堂三年、大學堂三年、大學院年限不定。此外，另有兩個旁系學校系統：「是實業學堂和中等實業學堂，二是師範學堂和高等師範學堂、仕學堂、師範館等。從壬寅學制系統來看，初等教育階段所設蒙學堂四年，似乎相當於西方的幼稚園，

但其章程規定幼兒的入學年齡爲六歲，課程包括修身、字課、習字、讀經、史學、輿地、算學、體操等八個內容。從入學年齡及課程內容而言，實際上是屬小學階段而非幼稚園。因此，本研究從癸卯學制加以敘述。

　　癸卯學制分三階段七級。第一階段爲初等教育，包括蒙養院四年，初等小學五年，高等小學四年。第二階段爲中等教育，設中學一級共五年。第三階段爲高等教育，包括高等學堂或大學預科三年，分科大學堂三年至四年，通儒院五年。除上述系統外，還有與其並行的實業教育與師範教育兩個系統。

一、蒙養院（光緒廿九年）

　　1.招收對象——三至七歲的幼兒。

　　2.保育要旨——蒙養家教合一，以補助家庭教育的不足。其重點在開啓幼兒心智，使之遠離澆薄惡風；幼兒善模仿，因此，必須注意其行止儀容。

　　3.保育方法——以具體事物教幼兒，但仍以教師爲中心，灌輸方式爲主。

　　4.課程內容

　　　(1)遊戲——分個人遊戲與團體遊戲。

　　　(2)歌謠——五言絕句、古詩詞、短歌謠。

　　　(3)談話——選擇幼兒容易了解而且認爲有趣的事物，用比喻或寓言方式做爲內容。

　　　(4)手技——包括木工、豆工、紙工、粘土工、種植以及栽培。

　　大體而言，蒙養院的保育內容係承襲日本明治三十二年的幼稚園保育及設備規程，屬於半殖民地半封建性質的日本式幼兒教育。此時的師資仰賴日本，教學上較少啟發，以教師為主體，各種設備、教具都仍簡陋，而且往往不准幼兒自行取用。（註二）

二、蒙養園（民國元年）

1. 招收對象——三歲至入國民學校年齡的幼兒。
2. 保育要旨——培養幼兒良善習慣，使其情緒平穩，身心健康。
3. 保育方法——在「國民學校令施行細則」中，已規定蒙養園應設遊戲室、保育室、暖房設備、樂器、桌椅、恩物及繪畫材料：設備增添了，但方法仍然權威，而且呆板。
4. 課程內容——遊戲、談話、手藝　。

　　蒙養園的設備比前期略充實，但限於教師教學或指導幼兒時方可拿取，仍屬封建式的幼兒教育，不過國民學校令規定國民學校得附設蒙養園，而且鼓勵私人興學，是一大進步。

三、幼稚園（民國五年）

1. 招收對象——收受六歲以下的幼兒。
2. 學制地位——壬戌學制改蒙養園為幼稚園，正式納入學校系統。
3. 課程內容——受杜威教育思潮的影響，此時幼稚園的教育內容一改以往學習日本從而轉向美國。歐美式的教會幼稚園以及福祿貝爾、蒙特梭利、杜威兒童中心論的教

育主張，此時已逐漸取代日本式的幼稚園。

此時期的幼兒教育已漸注意到幼兒的興趣與愛好，生活教育也漸被重視，然而「宗教化」、「歐美化」（尤其美國化），為此時幼稚園的特色，不少幼稚園的教學甚至直接使用英語，同時將宗教也列入幼稚園的課程及活動內容。

四、幼稚園暫行課程標準（民國十八年）

1.教育目標
(1)增進幼兒的快樂和幸福。
(2)培養人生基本的優良習慣。
(3)協助家庭教養幼兒，並謀家庭教育的改進。
2.課程內容——包括：故事、歌謠、社會、自然、工作、靜息和餐點。

就此暫行課程標準而言，幼兒教育在補充家庭教育之不足，以謀求家庭教育的改進，其目的是相當明顯。此法之公佈奠定我國幼稚教育課程標準之基，同時施行前先有三年的試行與實驗階段，其用心與縝密可見一斑，我國幼稚教育的課程內容，從此逐漸改善與充實。

五、幼稚園課程標準及其修訂（註三）

1.民國廿一年進行第一次修訂，將民國十八年「幼稚園暫行課程標準」改稱「幼稚園課程標準」，在總目標中增列「增進幼稚兒童身心的健康」。
2.民國廿五年進行第二次修訂，將「社會」與「自然」合

併稱為「常識」。

3. 民國四十二年將總目標第四項「協助家庭教養幼稚兒童並謀家庭教育的改進」刪去，增列「啓發幼稚兒童初步的生活知能」。此外，將幼稚園課程範圍分為「知能訓練」與「生活訓練」兩部分。課程編排之次序，應酌予調整為「遊戲」、「音樂」等列於首項，藉以強調保育重於教學。在教育方法實施要點中，增列「重視戶外活動的實施」與「注重心理衛生的活動」。

4. 民國六十三年增列「發展幼兒潛在能力」及「培育幼兒仁愛的精神及愛國觀念」兩條教育目標。將課程範圍由「知能」及「生活」獨立的兩部分予以調整，根據生活教育原理，針對幼兒需要，將「知能」融入「生活」之中，分列健康、遊戲、音樂、工作、語文、常識等六大領域，使幼兒在各種課程的學習中，接受生活教育。此外，明列十九條有關課程實施之重要原則及方法，並增列「課程設計」之具體方法，供教師進行教學之參考。

5. 民國七十六年教育部著手進行第五次的修訂，其修訂內容分為三大部分。第一部分明列「維護兒童身心健康」、「養成兒童良好習慣」、「充實兒童生活經驗」、「增進兒童倫理觀念」以及「培養兒童合群習性」為幼稚教育五大目標，另提出十項輔導幼兒之基本事項。第二部分為課程領域，包括健康、遊戲、語文、工作、音樂與常識（內容為社會、自然及數、量、形概念），強調以遊戲統整各個領域。第三部分為實施通則，強調幼兒教育必須採活動課程設計方式，以生活教育統整各領域

，並不得為小學課程的先修教育。

由以上我國幼稚園課程標準及其修訂結果觀之，無論在教育目標、課程內容及實施通則方面均能把握正確的幼教理念，可是就幼稚園評鑑結果來看（註四），傳統以教師為本位、灌輸方式、採分科教學，甚至漠視幼兒身心發展高難度的才藝教學以及艱澀難懂的國字練習、成百上千的數字加減，都出現在幼稚園的教學中。是課程標準被園長、教師們塵封或束之高閣？還是缺乏正確的活動設計以為引導致使誤入「歧途」？不少坊間出版界因缺乏正確的幼教理念，加上為迎合家長認知學習的需求，於是誤導的分科教學、雙語教學，甚至「掛羊頭賣狗肉」，而將每月收費哄抬至數以萬計，未加本土化的蒙特梭利教學、福祿貝爾教具更是充斥坊間，加上缺乏專業訓練的幼教老師，以及原本合格但欠敬業、不用心的老師也大有人在，於是幼教界便頻傳戕害幼兒身心的教學活動。（註五）

在前提及民國十一年前仿日、民國十一年後仿美的幼教活動，均有偏頗而不能令人接受之處，當時有不少有識之幼教學者，曾從事「中國化」的幼教實驗。西風日漸，近世紀來台灣幼教仍有全盤西化或堅持於傳統認知的教學，把幼稚園當成小學一年級的先修學校。在政治、經濟、社會日益開放的我國今日，如何保持我們原有傳統教育的優點，又能擷西方之長補我之缺失，實此時此地刻不容緩之要務。

下面一節，將分別從近四、五十年來推動我國幼稚園課程本土化的各種實驗加以說明，藉以掌握明確的幼教發展軌跡，以及事半功倍的研究成效。

第二節　幼稚園課程實驗及其評析

　　近半世紀以來，對我國幼稚園課程及活動內容，加以實驗應用而具有重大影響者大約可從七方面加以探討，茲分別探源而縷析說明，以為本研究「開放式幼兒活動設計」本土化之參考。

壹、陶行知幼稚園生活教育之課程實驗

一、源　起

　　陶行知在其創設「鄉村幼稚園宣言書」裡說：從福祿貝爾創設幼稚園以來，世人漸漸的覺得幼兒教育的重要，從蒙特梭利畢生研究幼兒教育以來，世人漸漸的覺得幼稚園的效力……。國內有志兒童幸福的人和有志改良社會的人看此情況，就大呼特呼的提倡廣設幼稚園。但提倡的力竭聲嘶而響應的卻寥若晨星。都市之中尚有幾所點綴門面，鄉村當中簡直找不到它們的蹤跡。（註六）幼稚園的缺乏可見一斑，尤其是婦女須外出工作，以及農忙時節的農村，幼稚園的設立更是迫不及待的。（註七）然而，在當時的大部分幼稚園都有著下列三個缺點：一是外國病。幼稚園所見、所聞、所聽、所用，幾乎全為外國的貨品，教學器材像鋼琴、打擊樂器來自外國，教學內容如歌曲譯自外國，孩子們吃的點心、玩的玩具也幾乎都是外國貨，中國的幼稚園成了外國貨的販賣場，教師做了外國貨的販子，可憐的兒童居然做了外國貨的

主顧。二是花錢病。凡事凡物都取之於外國，當然費錢，貴族似的幼稚園當然不易推廣。三是富貴病。幼稚園花錢多，不得不提高學費，幼稚園成了有錢子弟的「專利品」，平民子弟是沒份的，然而平民子弟是最需要幼稚園的教導與照顧的。

　　普及幼稚園需要大量的師資，陶行知考慮訓練師資需龐大經費，單靠私人無法籌措；其次，少數的幼稚師範學校也不可能完全負擔師資培訓的工作。在兩難的情境下，他提倡「藝友制」，（註八）稱之為「瀝清過的徒弟制」，即用師傅帶徒弟的辦法來培訓師資。教學方法是「教學做合一」，即教師做上教，藝友在做上學。此種「藝友制」是培訓師資既速且快的方法。

二、內　容

　　燕子磯、曉庄及和平門三個幼稚園是陶行知率張宗麟、除世璧、孫銘勛、戴自俺等人所創以「生活教育」為實驗的幼稚園。一九二六年陶行知發表「創設鄉村幼稚園宣言」，提出改革當時幼稚園的三大弊端，建議用科學的方法實驗並建立一個中國的、省錢的、平民的幼稚園，此派被稱為幼稚園「生活教育」學派。（註九）此派以為「教育即生活」，應該包括：生活即教育發展、教學做合一以及社會即學校的理想。此派的實驗幼稚園大致都能依此理想而行，茲說明如下：

　　㈠**生活綱要的訂定**

　　分全年、一月、每週和當天四種。

　　　1.全年綱要——又名「幼生生活曆」，其中分節令、氣候、動物、植物、農事、風俗、衛生及童玩八項。

　　　2.每月綱要——幼稚園每月底要依全年綱要及各園需要擬

定每月活動綱要與學習重點。

3.每週活動——每週活動不僅具體而且詳實，要把每項活動進行的步驟加以分析，同時有那些可以運用的資源，均須加以說明表列。在進行本週活動計畫的同時，也對上週的活動內容及進行方式加以檢討及修正。

4.當天的活動——教師們每天到園的第一件事就是預定當天的工作，每天的活動是依全年綱要、每月綱要和每週活動而訂定的；另一方面也要根據幼兒昨天所提出的問題以及興趣所在。

(二)找尋生活材料

幼稚園四周的人、事、物無一不是教學的好素材，舉凡土產：紅豆、大豆、玉蜀黍、蕃薯、藕、芋、蘿蔔、豌豆等；廢棄物：紙袋、木頭、竹屑、魚骨、破襪、破布、舊報紙、栗殼、荷葉、舊郵票、貝殼、鴨毛等；自然物：石頭、泥沙、松針、棉花、松果、魚、蘆葦、河蚌、蜜蜂、蝦、小豬等均為活生生的生活教育的材料。

(三)生活教育的方法

包括：(1)注重衛生。(2)重視戶外活動。(3)強調正確的讀法。(4)看護幼兒的弟妹。(5)整潔灑掃等活動。

農村家庭的孩子一般來說，是談不上衛生的，幼稚園的教師必須耐心的教導和養成幼兒的衛生習慣。農忙時節幼稚園還得為幼兒看護和他們一起上學的弟弟妹妹，藉灑掃應對養成幼兒勤勞習慣，同時也安排戶外與自由活動時間，讓幼兒的學習事半功倍，不致呆板枯燥。

陶行知幼稚園生活教育的實驗，以現在的課程實驗過程來看

，雖嫌欠組織與縝密步驟，不過在當時能想到把幼稚園的課程與生活教育結合，同時努力踐履的，陶行知屬第一人。誠如戴自俺所言：我們主張「教育應以生活為中心」、「課程應包括人類生活的全部」，所以用生活來代替課程。全部的生活都是教育，即全部的生活也就是課程。（註十）這種對「潛在課程」之重視，把「生活教育」當成課程核心的幼兒教育，至今仍令人敬服。在升學第一、認知掛帥的今日教育，幼兒教育如何與生活教育結合為一是本研究所要探究的重點。

貳、陳鶴琴五指教學課程之實驗

一、源　起

陳鶴琴是「五四」運動以後，中國幼兒教育研究和實驗的典型代表，他深感幼兒教育不符合實際需要，也不符合兒童身心的發展。在南京創辦鼓樓幼稚園，一則基於他對幼兒的熱愛，二則其子陳一鳴適值入幼稚園年齡，三則又得東南大學的資助，於是開始在自宅建園，此幼稚園便成了東南大學教育科的幼兒實驗學校。陳鶴琴等人希望在鼓樓一系列的幼兒實驗研究，能探索出一套適合中國國情又符合幼兒心理發展的中國化、科學化的課程。辦園的宗旨規定，這是一所實驗中國化的幼稚園，利用幼稚園輔助家庭教育之不足，要根據幼兒心理、教育原理與社會現況，實驗最經濟、有效的方法，供全國幼稚園參考。

二、內　容

陳鶴琴認為一個理想的幼稚園，應該根據幼兒心理、生理發展的特點，對幼兒實施德、智、體、群、美的全面教育。他曾親自制定幼稚園課程，編寫幼稚園教材和多種兒童讀物，為兒童設計了許多玩具、教具、運動器材。經過鼓樓幼稚園的實驗與研究，陳鶴琴總結十五項辦理幼稚園應該注意的事項：

1. 幼稚園要適合國情。
2. 幼兒教育是幼稚園與家庭共同的責任。
3. 凡幼兒能學的而又應當學的，我們都應當教他們。
4. 幼稚園的課程應以了解周圍的自然和社會為重點。
5. 幼稚園的課程不僅要有計畫且要彈性、隨機應變。
6. 幼稚園必須注意幼兒的健康。
7. 幼稚園必須養成幼兒良好的習慣。
8. 幼稚園必須特別注重音樂。
9. 幼稚園應有充分而適當的設備。
10. 幼稚園應採遊戲式的教學法。
11. 幼稚園應多安排戶外活動。
12. 幼稚園應採小組進行教學。
13. 幼稚園的教師應是兒童的朋友。
14. 幼稚園的教師應受專業訓練。
15. 幼稚園應當有各種標準以評量幼兒的學習。

民國三十九年政府來台，教育部委託台北女師附小幼稚園進行五指教學法之實驗，自民國四十二年到四十八年，長達七年的實驗課程裡，對我國幼稚園日後課程發展有著重大的影響。

　　下面分從教學原則、課程內容與活動時間表加以說明：

㈠教學原則

　　陳鶴琴反對灌輸式的教育方式，他主張培養幼兒的創造精神和獨立的生活自理能力，兒童是好動、活潑的，因此應該讓他們到大自然中學習，不應該整天把孩子監禁在室內，成了「幼稚園監獄」。（註十一）「做中學」、「手腦並用」的「活教育」是他辦幼稚園的理想，其原則如下：

　　　　1.凡是幼兒自己能夠做的，應當讓他自己做。

　　　　2.凡是幼兒自己能夠想的，應當讓他自己想。

　　　　3.你要幼兒怎麼做，就應教幼兒怎麼學。

　　　　4.鼓勵幼兒發現自己的世界。

　　　　5.積極的鼓勵勝於消極的制裁。

　　　　6.大自然大社會是我們的活教材。

　　　　7.用比較教學法。

　　　　8.用比賽的方法來增進學習效率。

　　　　9.積極的暗示勝於消極的命令。

　　　　10.用啓發教學法。

　　　　11.注意並利用環境。

　　　　12.分組學習，共同研究。

　　　　13.教學遊戲化。

　　　　14.教學故事化。

　　　　15.教師教教師，彼此觀摩。

　　　　16.幼兒教幼兒，彼此學習。

　　　　17.要精密的觀察。

(二)課程內容與活動安排

五指活動課程實驗的目標，旨在透過教師由分化而統整的教學活動，達成幼兒完整學習的目的。其課程內容如下：(註十二)

1.健康活動：包括——

(1)身體健康：遊戲、靜養、飲食、睡眠、餐點、戶外活動，健康檢查，健身操，排泄與清潔習慣的指導及安全教育等。

(2)心理健康：活潑、快樂、開朗、有禮貌、勇敢、誠實等。

2.社會活動：包括升降旗、討論、報告、紀念日集會、整理環境及社交活動等。

3.科學活動：包括自然觀察與研究、種植、飼養、計數、自然現象、填氣候圖，以及當地自然環境。

4.藝術活動：包括——

(1)音樂活動：唱歌、律動、表演、樂器操弄以及音樂欣賞。

(2)工作活動：沙箱裝排、圖畫（剪紙、摺紙、黏貼、撕紙、紙條編織）泥工（泥土捏塑）、飼養等。

5.語文活動：包括說、聽、請、唱（故事、歌謠、謎語、笑話、圖畫書）。

五指活動課程實驗之幼兒活動時間係分半日制與全日制兩種，幼兒活動時間的安排如附表。

表二～1：五指課程課程實驗幼兒活動時間表㈠半日制

幼　兒　活　動　時　間　表　（一）		
時　　間	活	動
上		午
8:00　8:30	幼　兒　來　園	（劃到自由活動）
8:30　8:45	社　會　活　動	早　　　　會
8:45　8:55		清　潔　檢　查
8:55　9:25	科學社會語文活動	（觀察研究討論報告故事）
9:25　9:45	健　康　活　動	戶　外　活　動　遊　戲
9:45　10:00		靜　息　餐　點　兒　歌
10:00　10:30	藝　術　活　動	唱　歌　律　動
10:30　11:00		工　　　　作
11:00　11:10	整　　理　　放　　學	
11:10　11:30	幼　兒　離　園	
下		午
1:30　2:00	幼　兒　來　園	（劃到自由活動）
2:00　2:10	社　會　活　動	清　潔　檢　查
2:10　2:40	科學社會語文活動	（觀察研究討論報告故事）
2:40　3:00	健　康　活　動	戶　外　活　動　遊　戲
3:00　3:15		靜　息　餐　點　兒　歌
3:15　3:45	藝　術　活　動	唱　歌　律　動
3:45　4:15		工　　　　作
4:15　4:25	社　會　活　動	整　　理
4:25　4:30		離　　園

表二～2：五指教學課程實驗幼兒活動時間表㈡全日制

幼 兒 活 動 時 間 表 （二）		
時　　　間	活　　　　　　　　　　動	
上		午
8：00　　8：30	幼　兒　來　園（劃 到 自 由 活 動）	
8：30　　8：45	社　會　活　動	早　　　　　　　會
8：45　　8：55		清　潔　檢　查
8：55　　9：25	科學社會語文活動（觀察研究討論報告故事）	
9：25　　9：45	健　康　活　動	戶　外　活　動
9：45　10：00		靜 息 餐 點 歌 謠
10：00　10：30	藝　術　活　動	唱　歌　律　動
10：30　11：00		工　　　　　　作
11：00　11：10	整　　理　　放　　學	
11：10　11：30	幼　兒　離　園	
下		午
1：00　　2：00	幼　兒　來　園（午 睡 清 潔 檢 查）	
2：00　　2：20	語　文　活　動（故　事　讀　法）	
2：20　　2：40	健　康　活　動	戶　外　活　動
2：40　　3：00		遊　　　　　戲
3：00　　3：05	社　會　活　動	整　　理
3：05　　3：15		夕　　　　會
3：15　　3：30		離　　　　園
4：15　　4：25		

　　爲更深入了解此一課程實驗，茲附有關「開學了」的活動過程以爲參考：（註十三）

單元名稱：開學了

一、教的目的

　　1.指導幼兒適應環境，利用環境。

　　2.使幼兒「做」「學」有一個好的開始。

　　3.使新舊小朋友獲得感情的聯絡。

二、學的綱要

　　1.社會活動：

　　　(1)參觀本園各場所。

　　　(2)認識並使用各種設備。

　　　(3)研討環境的佈置。

　　　(4)計劃本學期要做的事。

　　　(5)籌備舉行同樂會。

　　2.科學活動：

　　　(1)計劃本學期各班組人數，配合應有的設備。

　　　(2)研討各班組設備的使用和保管方法。

　　　(3)擬訂各場所生活規律。

　　　(4)分配各班組活動室、工具、設備、材料等。

　　　(5)規劃並計算每天上學、放學時間。

　　3.藝術活動：

　　　(1)整理舊有設備及材料等。

　　　(2)欣賞比較各場所設置。

　　　(3)搜集佈置環境用之材料。

(4)擬劃並進行各場所之佈置。

(5)擬繪自己的標記。

(6)練唱早會、放學、升旗等歌。

(7)試選幾個「同樂會」上的表演節目。

4.語文活動：

(1)講述一個好孩子的故事。

(2)練習通常相見的話語。

(3)唸述取放東西要小心。（兒歌配合）

(4)認寫自己的姓名或號碼、標記。

5.健康活動：

(1)清潔環境。

(2)自由運用各種運動器具。

(3)練習健身操。

(4)調配本週的餐點。

(5)做猜拳遊戲。

三、做的步驟

第一天

1.介紹新朋友新老師。

2.參觀比較各場所並認識各項設備的使用方法。

3.分配各班組活動室及用具、玩具等。

4.分配整理清潔各活動室。

5.清理計算餐櫥、餐具，並解講餐點時禮貌。

6.練唱早會、升旗歌。

第二天

1.講述「一個好孩子」的故事，並講述本學期大家要做到些

　什麼。

2.研討怎樣幫助別人，並開始選請小老師。

3.研討每天要做的事情，並實行清潔檢查，繪畫日記圖。

4.分配各人的工作櫃，並自由繪製標記，書寫自己的姓名或
　號碼。

5.練習健身操。

6.擬劃本週每天的餐點調配。

第三天

1.研討各種工作材料用具的置放地點，及其搜集工作材料的
　方法。

2.研討各種材料的取放整理方法，並試用各種材料自製作品
　。（以兒歌、工作配合）

3.研討對新舊朋友的禮貌和態度。

4.研討怎樣向新老師、新朋友表示歡迎。

5.籌劃同樂會，並複習幾個舊有表演節目。

6.每人各認領一位新朋友一同遊玩。

第四天

1.研討環境的佈置。

2.分組製作佈置物（以各項工作配合、繼續指導材料之取放
　整理方法）。

3.研討舉行同樂會的時間、地址。

4.選定參加表演的節目，並繼續練習表演。

5.推選小主席、司儀、招待並練習小主席的話語。

第五天

1.計算並排定各表演節目的時間次序。

2.選定並試作幾個團體遊戲。

3.推選負責佈置環境的人數，並開始佈置。

4.擬定同樂會上食用的點心。

5.欣賞比較新佈置的環境。

6.預演各表演節目。

第六天

1.佈置同樂會會場，並排定各班組坐位。

2.舉行同樂會：①小主席說話。②表演節目。③分發點心。
　　　　　　　④團體遊戲。

第七天

1.檢討一週生活：

(1)每天應做的事，大家是否都做到了？

(2)玩過、用過的東西，是否已放回原處整理好了？

(3)各種用具玩具使用的情形。

(4)對老師新朋友的態度、禮貌。

(5)誰是最乖的孩子，選做本週的好寶寶。

2.繼續練習使用工作用具和材料。

3.練習放學歌。

　　　五指教學的優點，在教材的組織上不僅能掌握單元的主題，而且方便教師課程設計時，分析內容是否均衡發展的參考。此種教學法的缺點，是五項活動在橫的聯繫上仍顯不足，分科教學未能符合幼兒身心發展及個別能力、興趣與需要，而且此種教學法以教師為中心，幼兒很少主動參與的機會。

參、張雪門行爲課程之實驗

一、源　起

　　行爲課程實驗是張雪門於民國二十七年間在北平香山慈幼院辦理幼稚師範時所進行的課程實驗，此實驗是張雪門爲了使幼稚園教育適合國情及兒童生活而展開的。實驗的理論依據「教育即生長」及「做、教、學」合一的原理。他認爲把課程看成知識或當做書本上的知識看待是不對的。課程是適應生長的有價值的材料，生長有因人、因時、因地的個別差異，所以課程也應有彈性。理想的課程標準一方面要顧及社會的需要，另一方面要能滿足個體在各個發展階段中不同的需求。根據這個分析，他認爲幼兒課程的來源應該有四：即符合幼兒天性的活動、幼兒與自然界接觸的活動、幼兒社會化的行爲活動以及幼兒的興趣與需要者。

　　幼稚園應該是個小型的人類社會，幼兒在幼稚園的生活實踐，即行爲課程。民國三十五年張雪門到台灣以後，擔任台北育幼院院長，繼續他的實踐研究工作。民國五十五年完成「行爲課程」體系，這份課程完全根據生活，它從生活而來，從生活而開展，也從生活而結果，不像一般完全限於教材的活動。幼稚園實施行爲課程應注意幼兒實際行爲，舉凡掃地、抹桌、養雞、養蠶、種植花草蔬果等，只要幼兒能自己做的，都應該給幼兒機會去做。唯有從行動中所得的認識，才是眞實的知識；從行動中所發生的困難，才是眞實的問題；從行動中獲得的勝利，才是眞正制馭環境的能力。

二、內　容

張雪門以為幼稚園的課程，和小學、中學不同，與大學更不同，幼稚園的課程有它的特點：第一，由於幼兒看宇宙間的人事物是整體的，所以編製課程時不宜採分科。第二，編制課程時，須顧及幼兒與社會的需求。第三，幼稚園的課程須根據幼兒的直接經驗。一九七〇年張雪門整理他從北平到台灣四十年的幼教課程出版專著名為「中國幼稚園課程研究」。（註十四）他說明了組織課程的原則如下：

1.課程須和幼兒的生活聯絡。

2.是有計畫、有目的的活動。

3.事前應對教學情境加以評估，以便做妥適的安排。

4.各種活動和教材須合於幼兒的經驗能力和興趣。

5.在活動中宜讓幼兒有自由發展的機會。

6.幼兒須從直接經驗中獲得知識、興趣與能力。

行為課程的特色在於「行以求知」，注重幼兒的實際行為，幼兒在幼稚園生活之實踐即行為課程，幼兒從行動中獲得的知識和經驗方為真實，且經由不斷的改造類化，激發新的學習。教師依幼兒的生活經驗、興趣和能力，擬定中心活動，配合教材與行為的實踐，擬定行為課程；在實施的過程中，觀察評量、檢討及追蹤輔導是很重要的工作。下面分從教學原則及課程內容加以詳細說明此種課程實驗：

㈠教學原則

此種教學法是使幼兒起於活動而終於活動的一種學習方式。它係單元教學的一種，在實施此課程時，宜徹底打破各學科界限

，以行為為中心，以設計為過程。因為只有行為而沒有計畫、實行和檢討的設計步驟，算不得有價值的行為，只有設計沒有實踐的行為是空中樓閣。其重要原則有三：

1.課程固然由於自然的行為，卻需經過人工的精選。

2.課程固由於勞動行為，卻須在勞動上勞心。

3.課程固雖由兒童生活中取材，但須有遠大客觀的標準。

㈡課程內容與活動安排

1.內容

⑴動機——包括自發性動機及啟發性動機。

⑵目的——知識、技能、態度均為其教學目標。

⑶活動——有兩種：一是事先估量的活動，包括：人數、地點、時間。二是逐日計畫每日的事實需求。

⑷教材——必須符合社會生活、幼兒發展及其學習能力之需要。

2.項目——包括單元名稱、引起動機、課前準備、教學目標、活動要項及評量活動。（註十五）

為更進一步了解此一課程之實驗，茲附有關「兒童節」的活動過程以為參考：（註十六）

兒童節

壹、動機

一、利用設備：日曆或兒童節的圖片。

二、利用語言：童權運動的故事。

貳、目的

一、使兒童知道兒童節的意義。

二、認識偉人的幼年生活，藉此誘導做一個模範的人。

三、增進舉行慶祝會的智能及樂趣。

參、計劃

一、活動要點

1.邀請院外小朋友來過節。

2.招待給本院送禮的各幼稚園小朋友。

3.準備遊藝節目：

(1)參加陽明山管理局兒童節大會節目。

(2)院內自行舉行兒童節大會節目。

4.佈置會場及環境。

5.挑選模範生二人（參加陽明山管理局兒童節大會）。

6.準備茶點：

(1)自做點心。

(2)購買糖菓。

二、活動時間：四十一年三月二十六日到四月五日，多集中上
午半天。

三、活動人數：一百五十名（全體小朋友）。

四、活動地點：院內及院外。

肆、動作過程

一、以去年兒童節圖片資料示之，引起今年的兒童節的動機。

二、討論紀念內容及方式。

三、先行討論遊藝節目，共要若干節目，每班擔任幾個，兒童
節歌，蝌蚪變青蛙等表演，就可開始訓練了，又每節目應

用的化裝用具，兒童與教師可分別準備，自做或借用。

四、陽明山管理局兒童節籌備會，向各學校挑選模範兒童兩名，先由兒童提名，再由老師暗示選定，在此先後期間，可講偉人幼年故事，如國父、瓦特、貝多芬等偉人（講時最好有照片說明）。

五、在「做一段計劃一段」的原則下，做表演用物就可開始，準備佈置會場及環境的用物。亦可先在朝會時計劃分配工作，然後分班負責，如大班能力強一些，負責做動物燈籠；中班搜集圖片，做紙花；小班清潔環境，做撿石頭拔草工作，在朝會中報告計劃和檢討（時間要短）。

六、開會時的小主席和招待員，事前都要有一番訓練，使之純熟。

七、兒童節前一日，兒童便做烹飪活動，需用材料及工具數量價格，一一和兒童討論準備，上市場購辦後，就做花生糖，餅乾等工作。之後再做紙袋分裝。

八、兒童節目的活動

　1.參加陽明山管理局兒童節大會表演節目及帶模範生兩名領獎。

　2.招待學校機關送節禮的客人。

　3.舉行兒童節大會招待院外小客人等。

九、會後分別班次，整理結束工作，如收拾會場，歸還物件，及檢討各項活動。

伍、應用的工具及材料

　一、工作

　　1.準備遊藝節目的用具：借服裝（空軍服及跳舞衣），做化

　　　　裝品。

　　　2.招待臺北各幼稚園來送禮的小朋友：做餅乾糖菓。

　　　3.佈置會場：製作燈籠，搜集名人圖片，舉行掃除，整理院
　　　　子。

　　　4.發招待券及包裝糖菓。

　二、音樂

　　　1.兒童節歌（全體）。

　　　2.兵舞——陸軍進行曲（大班）。

　　　3.蝌蚪變青蛙——歌劇（中班）。

　　　4.小空軍（小班）。

　三、故事

　　　1.喇叭花過兒童節。

　　　2.貝多芬的幼年故事。

　　　3.小健過兒童節。

　四、遊戲：舉行兒童節大會。

　五、數與字

　　　1.每節目表演人數。

　　　2.禮品數目的統計。

　　　3.製做或借用表演用物的數目。

　　　4.點心包裝數目。

　　　5.做點心應購材料及費用。

　　　6.做「招待券」（邀請院外兒童來過節）。

　　　7.認識點心袋上的「兒童節」三個字。

　六、常識

　　　1.知道兒童節的由來。

2.知道開會的儀式及準備方法。

3.對客人禮儀。

4.標準模範生的選法。

5.認識幾位名人。

6.知道點心做法。

　　張雪門先生於數十年前即提出「行為課程」之實驗研究，於今日「課程與教學」的觀點而言，其課程組織、學習經驗的選擇以及對幼兒行為的觀察與紀錄等，均頗符合目前幼兒教育的課程理論與設計。行為課程強調幼兒的生活與教育配合，以培養幼兒適應環境和解決問題的能力，但因太重視幼兒實際行為的發展，卻易忽略其創造思考、想像力及象徵性遊戲活動，而這些活動都是來日創造之母。其次，在活動設計時雖強調幼兒本位，但實施時卻仍以教師活動居多，也是此實驗須加以檢討之處。（註十七）幼兒的課程設計如何以生活教育為主，而又不失引發幼兒的創造力，這點夏山學校頗有值得我們在設計開放式幼兒活動時的借鑑。

肆、單元設計教學法

一、源　起

　　單元教學法（Unit　Teaching　Method）是一個完整的教學活動，這種教學有明確的目的，有與目標配合的教材、指導學習的方法、考查教學效果的具體標準，學習者由此可以獲得完整

的生活經驗，分爲大單元與小單元兩種。設計教學法（Project Teaching　Method）是一種有目的、有計畫、有實際活動的學習單元，它是在自然狀態下利用實際的物質材料，由學習者自己計畫、實行，以求工作之完成，它的過程包括引起動機→決定目的→計畫→檢討、批評。首創此法的是美國哥倫比亞大學勞作科主任李查德（C. R. Richard），他主張勞作教學應該布置一種問題情境，由學生自行運思創作，杜威來單講學，特把此種教學法介紹到中國。（註十八）

　　單元設計教學法是一個以生活重要問題爲中心的完整學習活動，其活動過程強調由師生共同設計實施，教材以單元方式組成，有目的、有內容，在一定的時間內完成，注重完整知識經驗的獲得。

　　影響此種教學法的因素約有如下三方面：

　　㈠**完形心理學**

　　　1.整個學習情境中的每一部分與其他各部分有密切關係，它形成一個新的整體，而非該情境中各個因素之總和。

　　　2.幼兒若能了解學習情境中各部分間的關係，以及各部分與全體間的關係，方能了解學習情境中各部分的意義。

　　　3.幼兒的學習目的，是聯絡貫串學習情境中各項分子的主要條件。（註十九）

　　㈡**差異心理學**

　　　從差異心理學來看，人類的能力和興趣各不相同，在教學時，教師必須適應幼兒的個別差異，而單元設計教學法是適應個別差異的有效方法，因爲在單元設計教學活動中，教師可依幼兒的能力、需要和興趣進行活動。

㈢杜威學說

杜威倡導「教育即生活」、「學校即社會」，「從做中學」等學說，若要把這些理想見諸於實際，在教材上必須與生活打成一片，在教法上必須手腦並用。

民國三十九年至四十九年，隨著各級學校教育目標的修訂，其教學方法也隨之改變，當時中小學的課程編製和教材的組織，仿效美國小學一、二年級趨向於大單元的組織，使教材成為一個完整的生活經驗，而非各自獨立的零碎知識。（註廿）

幼稚園單元設計教學法實驗，則開始於民國五十四年，由當時台北市立師範學校校長熊芷以及幼教學會總幹事郭豸女士所推動。

二、內　　容

單元活動設計教學法的實驗，在透過單元設計並融合教學活動，使幼兒獲得完整的學習經驗。活動過程包括：單元名稱與活動目標的確定、引起動機、教學與活動過程、教學資源及評量活動。

單元設計課程實驗之主要內容為：

㈠單元設計

1.配合幼兒教育目標。

2.依照幼兒年齡、能力與興趣。

3.配合當地社區的型態及時令節日。

4.善用園所設備與環境。

5.選擇合宜單元，每一單元均有一中心主題。

6.在中心主題之下，可分訂若小單元，以共同達成目的，

維持課程之統整。

㈡**教學計畫：分三階段——**

1. 準備活動——由師生共同搜集有關的教學資源，或學習情境的布置，以加強幼兒學習的準備。

2. 發展活動——讓幼兒有充分的操作活動。如：討論、練習、交換意見、創造思考、解決問題、實驗等，這些活動或以團體方式進行，或經由小組、個別化（學習區）的活動方式。

3. 綜合活動——爲單元活動教學的最高峯，也就是一個主題活動的完成，最後以表演、展覽、分享、討論、歸納的方式進行綜合活動，使幼兒獲得豐富而統整的知識與經驗。

㈢**教學紀錄**

1. 每日或每週均有教學日誌或週誌。

2. 藉日誌或週誌紀錄，作爲教學檢討之參考。

㈣**教學評量**

於活動進行或結束後，針對學習目標、幼兒學習狀況、教學方法及教材等進行形成性及總結性的評鑑，以爲補救和設計新教學單元之參考。

爲使更清楚的了解此一課程實驗，茲附有關「端午節」的活動過程如下：

大單元 名　稱	快樂的節日	教學單元 名　稱	端 午 節	教　學 班　別	大 綠 班
教　學 時　間	五月二十四 ～三十日	教　學 週　次	第十五週	設計者	省教育廳

壹、教學目標

一、認識端午節的由來。

二、知道端午節的風俗習慣。

三、培養數的概念。

四、培養互助合作的團隊精神。

五、養成良好的操作態度。

貳、教學要項

一、講述愛國屈原的故事。

二、討論端午節風俗習慣並製作香包。

三、利用香包、粽子、紙船比較長短大小遠近。

四、做划龍船律動遊戲。

五、複習律動、歌曲，以及體能活動。

參、教學活動

一、準備活動

　　㈠搜集本單元有關的圖片。

　　㈡請幼兒帶碎布、毛線、棉花、香料等做香包所需材料。

二、發展活動

　　活動㈠

　　　　具體目標：

●幼兒能靜聽並複述故事。

●幼兒能利用工作材料做香包。

教學資源：故事圖片、日曆、粽子、香包。

㈠故事：愛國的屈原

　1.說故事。

　2.複述故事並討論。

　　(1)端午節是幾月幾日。

　　(2)吃粽子，帶香包是端午節習俗。

㈡分組活動

　1.欣賞各種樣式、材料製作的香包。

　2.自由設計香包的樣式。

　3.利用碎布毛線棉花香料等製作香包。

　4.數一數自己製作的香包最多有幾個。

㈢團體活動

　1.作品欣賞與經驗分享。

　2.歌曲教唱：端午節。

評量：

●教師以指名方式發現幼兒能以自然態度、清晰的語調
，複述故事內容。

●全體幼兒能利用碎布、棉花、香料設計並製作香包。

活動㈡

具體目標：

●幼兒能欣賞端午節的影片或圖片。

●幼兒能發表吃粽子的樂趣。

教學資源：端午節習俗圖片、划龍舟競賽圖或影片、大積
　　　　　木、月曆紙、海報紙、包裝紙、粽子、粽葉、
　　　　　糯米、香包、菖蒲、數字卡片。

㈠觀察龍舟競賽的影片或圖片。

㈡討論端午節，家家掛菖蒲及喝雄黃酒的習俗。

㈢自由發表吃粽子掛香包的樂趣。

㈣分組活動

　　1.工作角

　　　(1)用積木搭建龍舟並舉行划龍舟比賽。

　　　(2)利用月曆紙、海報紙、包裝紙等撕貼龍舟競賽。

　　　(3)運用彩色筆或臘筆繪製有關端午節的民俗活動。

　　2.科學角

　　　(1)備有粽子、粽葉、糯米、香包、菖蒲、艾葉以供幼
　　　　兒觀察。

　　　(2)教師示範粽子的製作方法。

　　　(3)數數看，共有幾片粽葉和幾個粽子、幾個香包。

　　　(4)數數粽子的數目。

㈤團體活動

　　1.作品欣賞與經驗分享。

　　2.唸兒歌：過端午

評量：

　●教師以觀察的方式瞭解大多數幼兒都能欣賞划龍舟影
　　片或圖片。

　●全體幼兒都能熱烈發表吃粽子樂趣的經驗。

活動㈢

具體目標：

●幼兒能參加比較香包異同的遊戲。

●幼兒能操作「撕紙條」的遊戲。

教學資源：香包、色紙。

㈠蒐集幼兒的香包作品。

㈡幼兒互相比較並發表異同點如大小、長短形狀等。

㈢依香包的大小順序排列。

㈣分組活動

　1.分發色紙，並討論色紙的顏色。

　2.討論撕紙條的方法──上下來回撕，撕成條狀。

　3.比比看：誰的最長誰的最短。（撕紙時要慢慢撕以免撕斷。）

㈤團體活動：教師帶領幼兒把撕好紙條到操場做飄紙遊戲

評量：

●教師以觀察的方式發現全體幼兒以自製香包互相比較，能知道大小長短的不同，並能做長短順序的排列。

●教師以觀察的方式發現全體幼兒積極的參與「撕紙條」遊戲。

活動㈣

具體目標：

●幼兒能欣賞吹紙船遊戲活動。

●幼兒能利用工作材料摺紙船並做吹船遊戲。教學資源：兩艘紙船、色紙。

㈠教師備有兩艘紙船在桌上請幼兒吹吹看，看誰吹的遠。

㈡分組活動摺紙船。

㈢吹船比賽分組比賽，說出每組吹最遠的和最近的。

㈣團體活動

　　1.作品欣賞及經驗分享。

　　2.律動：划龍船。

評量：

　　●教師以示範吹船活動發現全體幼兒樂於學習。

　　●教師以觀察方式瞭解全體幼兒有濃厚興趣參加摺紙船
　　　，和吹船遊戲。

三、綜合活動

　　具體目標：幼兒能參與民俗作品展示會。

　　教學資源：幼兒作品。

㈠舉行民俗活動作品展示會，將本週幼兒的各項作品陳列
　　展示。

㈡各班幼兒交互觀摩。

㈢遊戲：跳輪胎。

肆、教學評量

　一、教師教學效率評量

　二、幼兒學習成就評量

　　單元活動設計教學，注重課程的統整學習，使幼兒的生活能與教育密切的結合在一起，這種符合心理組織的教材學習活動，易使幼兒獲得完整的知識經驗。不過，此種教學法有時也會因為太重視教材的統整原則，因此，往往採取大單元一個月或兩個月的活動，時間過長，不但易忽略幼兒身心發展與統整能力，流於教材本位，同時也易使幼兒失去其他方面學習的興趣。「開放式幼兒活動設計」即希望能克服此種缺失。

伍、發現學習法之實驗

一、源　起

　　發現學習是指教師依建構性（Consturctured）理念，設計若干啓發性問題，布置各種情境（學習區），安排生動而有趣的教材以及豐富的教具，以啓發幼兒主動參與、主動發現，以達成自我滿足、自發學習效果之活動歷程。

　　此種幼兒的學習方式，係根據新的科學教學原理，強調幼兒學習自然科學的態度和方法、重視實物觀察、親身體驗、感受與操作的直接經驗。杜威「從做中學」（Learning　by　doing）的理論以及人類個別差異的認識等，也給予這種學習方式有力的支持。

　　民國五十九年師大美籍客座教授布克太太（Mrs. H. Broke）介紹一本改進英國幼兒學校教育的書籍－英國初級學校的革命性改進，內容論及英國幼兒學校（收五至七歲兒童）引進美國「開放教育」（Open　education）理念，利用「發現學習」(Discovery learning）、「統整課程」（Integrateel curriculum）「自由日」（Free　Day）以及「不拘形式教育」（Informal Education）等方式，改進傳統教學方式，其成效相當不錯，我國幼教學會故總幹事郭豸，便於民國六十年，先後在女師附小、北師附小等幼稚園實驗，發現幼兒學習的興趣提高，效果也大增，於是各個幼稚園相繼採用此種教學法。

二、內　容

此種教學法強調幼兒自動參與及發現，教師在此雖扮演輔導者的角色，但必須事先有充分的準備，像設備、教材等，以供幼兒自由的運用。採行此法的教師必須受過專業訓練，有豐富的經驗，善於觀察並了解幼兒的心理，方知如何啓發、引導幼兒充分發揮其學習的效果。

下面詳加說明此種教學法：

㈠發現學習與傳統教學法的不同

表二～3：發現教學法與傳統教學法的比較

比較項目＼方法	發現教學法	傳統教學法
理論依據	兒童本位的教育理念（即進步主義的哲學思想）	成人本位的教育理念（即精粹主義的哲學思想）
學習主體	幼兒	成人（父母或教師）
師資	教師立於觀察、輔導立場，必須受專業訓練	教師是教材決定與權威者
教材	強調「合科」的學習 依幼兒的興趣與選擇	強調「分科」的學習 成人預先設計
教法	引導幼兒發現與主動學習	以灌輸、記憶為主，幼兒被動學習
教學型態	注重個別差異的小組活動	注重團體學習的大班活動
教學重點	關心幼兒「怎麼學」	重視教師「怎麼教」

教 學 過 程	強調「過程」重於「結果」	強調「結果」重於「過程」
學 習 環 境	強調角落的佈置與內容的更換	不重視學習環境的佈置
學 習 氣 氛	自由、活潑且開放	呆板與嚴肅
上 課 場 所	利用社會資源，走出教室與學校之外	在教室或學校
評 量 方 式	著重形成性及多元評量方式	著重總結性及紙筆測驗

（二）學習區的布置（註廿二）

學習區	學習重點	活　動　目　標	資　　源	設計注意要點
扮　演 與 想像力		1.練習如何調家庭生活所需的技巧和態度。 2.提供扮演平日所熟悉的家	各式娃娃及玩娃娃的配件。 各式家庭中使用的家具——桌椅、床、梳粧檯、	1.能擁有獨立不受干擾的封閉空間。 2.其開口通道最好能

家事活動	娃娃家	
1.在了解簡單的營養常識後，願意嘗試吃各種食物。 2.獲得與烹調相關的生活技巧——如開罐、切、倒、攪拌。 3.練習秤量，依指示行事等	庭或社區人物的機會。 3.扮演活動主題中的人、事與物。	
簡易烹調流程圖。 依烹調活動內容，提供適當的工具——開罐器、水果刀、砧板、量杯、量匙、小電鍋、平底鍋。	櫃子。 各式廚房用品 ——電冰箱、爐子、洗物槽、碗筷、盤子。 各式洗潔用品 ——吸塵器、掃把、抹布、洗潔精。 各式衣物服飾 ——衣服、帽子、項鍊、煙斗。 其他可以想到的家用品。	容納嬰兒車通過的寬度。 3.除臥房部分可用地毯外，其餘部分因考慮可能用水，不需使用地毯。 4.可以延伸加設「裝扮角」或其他配合活動需要改設「商店」、「郵局」、「銀行」等社會機構。

		能力。		
益	自由建構	1.提供自由創造、組合的經驗。 2.讓手部小肌肉有許多練習活動的機會，獲得較佳的手眼協調能力。	塑膠操作積木——智高玩具、雪花片。	1.此角落有些玩具適合在地毯上玩，有些則需要在桌上操弄。 2.最好也能遠離較吵雜的空間。 3.材料玩具的分類要清楚，便於孩子取用和輪換。
智	數概念	1.獲得具體的數概念，並能運用、了解數與日常生活間的關係。	數字圖卡。 數學玩具——1 2 3 小方塊、形形色色板、串珠、數字分解盒、骰子、質果。	
匠	合作遊戲	1.透過團體的互動，獲得的概念並發展之。 2.發展解決問題的能力。 3.發展思考和研究創造的智慣。	撲克牌、象棋、尋寶遊戲、跳棋、太空黑洞遊戲卡、大拼圖。	

美　勞　區		目標	材料	注意
美	繪　畫	1.獲得使用各種不同畫材的經驗。 2.擁有以畫來表達想法、感覺的機會。 3.獲得較佳的手眼協調的能力。	筆——蠟筆、粉筆、鉛筆、水彩筆。 顏料——廣告顏料、水彩、墨汁。 紙張——圖畫紙、有色紙、牛皮紙（各種大小、形狀）。	1.需要較大的展示及存放成品的牆面和櫃子。 2.地面最好是易於清理的。 3.除了準備豐富的工具和材料外，還要準備充分的清潔用具。 4.材料可提供原料和半成品，並經常替換、補充、整理。
勞	勞　作 （包括剪貼、摺紙、黏土及切割）	1.提供運用各種材料創作的經驗。 2.體驗生活周遭物體的色彩、形體及質的獨特性。 3.透過嘗試錯誤的過程，獲得解決問題的能力。	工具——剪刀、刀片、釘書機、打洞機、切紙機、膠布。 白膠、漿糊、膠水。 材料——鐵絲、保麗龍、廢紙、空盒及各式廢物。	
區	自由建構	1.享受創造的樂趣，以非語言的型態，表達自己的想	中、大型木製、海綿積木、模型玩具——汽車、動物。	1.鋪上地毯可消音。

區	能力	目標	材料及教具	環境布置
積木區	配合活動主題搭建造型或造型	法。 2.認識空間位置的相對關係，如：上下高低。 3.感覺到物體重心和平衡的關係。	標示板。	2.不需設桌椅。 3.可考慮設在戶外走廊或較平坦的地面上。 4.需要獨立不受干擾的空間，並遠離走道。
		1.培養孩子視覺辨識的能力 2.發展運用象徵符號的能力	圖卡或指示卡。	
語文區	閱讀與傾訴	1.培養閱讀的興趣。 2.隨機認識常用的文字。 3.了解文字與語言間的關係。 4.養成傾聽的良好習慣。	圖畫故事書、字卡以及兒歌卡。	1.需要安靜的區域。 2.光線充足。 3.製造舒適的氣氛，可考慮放軟墊。
	表達能力	1.發展表達的能力。 2.增加說話的語彙。 3.增加與別人溝通的機會。	錄音機、錄音帶、耳機、各式布偶、偶臺。	

㈢學習情境的布置

學習情境是會說話的，因此，安排是否妥當會影響幼兒的學習及教室的管理問題。教師在布置情境及引導幼兒學習時宜考慮下列因素：

1. 由教師依幼兒的興趣，或欲設學習角的目的及空間的大小，布置合宜的角落，如娃娃角、科學角、創作角、圖書角、積木角等。
2. 開學時介紹各學習角，並和幼兒討論訂定各學習角的使用方法及一些規則。
3. 角落櫃不宜太高，以免妨礙教師的視野，而無法注意到每一角落幼兒的活動狀況。
4. 決定學習角所需的設備及材料，材料以提供多樣性，操作的素材為宜。
5. 可採取輪流開放學習角，等幼兒熟悉之後再全部開放。
6. 學習角的內容，應依幼兒的發現，不斷提供新的材料，以引發幼兒學習，再發現再學習的過程。幼兒沒有興趣的角落應予以調整內容或更換布置。
7. 教師每天應有觀察記錄，包括幼兒個人的以及角落和角落之間的運作情況，有無彼此受到干擾，而須做調整與改善等。
8. 每天活動後，師生應有分享、檢討並加以整理。

學習情境的布置可參考下圖：

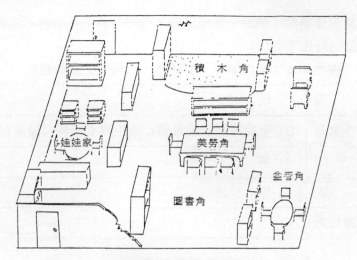

圖二～1：學習區布置參考圖㈠

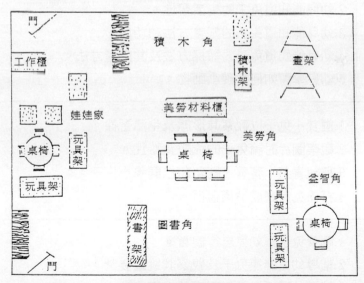

圖二～2：學習區布置參考圖㈡

　　爲更清晰的了解此一課程實驗，茲附有關「小動物－兔子」的活動過程如下：

表二～４：發現學習「小動物——兔子」活動設計

班　　　別	大　班
教材來源	市立師範學院附設實驗小學附屬幼稚園自編教材
時　　間	一　週
日　　期	年　　月　　日
輔導教師	
單元目標	1.幼兒能知道兔子的形狀和種類。 2.幼兒能知道兔子的生活習性。 3.幼兒能知道兔子的飼養方法和功用。 4.幼兒能知道兔子的捕捉方法及其自衛方法。 5.幼兒學習如何愛護小動物。
活動重點	1.飼養小兔子以觀察其形態及生活習性。 2.觀察圖片討論兔子的種類及特性。 3.種植青菜、蕃薯、紅蘿蔔以飼養小兔子。 4.打掃兔房養成清潔習慣。
活	1.飼養兔子讓幼兒自行觀賞。 2.輔導幼兒撫摸兔子及觀察其跳躍姿勢。 3.輔導幼兒抓兔子以觀察其自衛方法。

動	4.輔導幼兒欣賞圖片，繪製自己所見的兔子。
	5.幼兒自己種植紅蘿蔔及青菜飼養兔子，並學習以清潔食物餵食。
	6.由飼養小兔子來學習如何愛護小動物。
	7.自己動手洗切紅蘿蔔，品嚐其味。
	8.利用各種廢物，如盒子、信封、蛋殼、棉花、紙箱、樹葉、碎布等，製作大小不同的兔子、青菜、紅蘿蔔，並佈置一個兔子窩。
	9.打掃兔房，保持清潔。
過	10.就幼兒所知及經驗，報告兔子與人類的關係。
	11.由所飼養的兔子學習數數。
	12.製作兔子形狀的帽子以便表演。
	13.幼兒表演小樂隊及「小鹿救兔子」。
程	14.由龜兔賽跑遊戲，讓幼兒知道：要有耐心、肯虛心，不要懶惰驕傲。
	15.欣賞幻燈片；可愛的小兔子。

活	科學	一、植物類　　1.豆子的種類　2.米的種類　3.種植各種盆景　4.室外菜園內種植四季豆、玉黍蜀　二、動物類　　1.兔房　2.魚缸　3.小鳥　三、儀器類　　1.磁鐵　2.望遠鏡　3.放大鏡　4.天平

動　角	角	5.萬花筒　6.溫度計　7.秤　8.尺 四、圖片（掛圖） 五、其他，拼圖、自製數字骰子等
	音樂角	1.各種樂器：鋼琴、響板、三角鐵、鈴鼓、大鼓等 2.各種音樂電器：收音機、錄音機、唱機、唱片等 3.各種樂譜
	娃娃角	1.各種服飾：皮包、衣服、鞋子、帽子等 2.各種娃娃、玩偶及小床、小被褥等 3.小桌、小椅 4.餐具、電鍋、冰箱 5.各種玩具
	工作角	1.剪貼組——剪刀、漿糊、各種紙張、做兔子面具 2.泥工組——黏土、泥板、模型做兔子 3.繪畫組——色筆、臘筆、水彩、畫架、紙張畫兔子 4.刺工組——針、線、布
	圖書角	1.書籍　2.字卡　3.兒歌掛圖（小白兔） 4.故事掛圖　5.認字表（白兔、兔子）

一、藝術活動

　　1.音樂：

　　　(1)唱歌──獵人和兔子，龜兔賽跑

　　　(2)律動──學兔跳、拔蘿蔔

　　　(3)歌舞劇──小鹿救兔子

　　　(4)小樂隊

　　2.工作：

　　　(1)自由畫

　　　(2)紙工──做兔子

　　　(3)剪貼──小兔子

　　　(4)泥工──做兔子

　　　(5)積木──搭兔房

　　　(6)刺木──小兔子

　　　(7)貼葉──小兔子

　　　(8)水彩──畫兔子

　　　(9)木工──蓋兔房

二、語文故事

　　1.故事：

　　　(1)兔子為什麼耳朵那麼長？跳得那麼快？

　　　(2)兔子為什麼裂嘴巴？

　　2.歌謠：

　　　(1)小兔子

　　　(2)小兔子真乖巧

　　3.謎語：兔子

```
          4.認字：兔子
      三、其他
 材      1.觀賞幻燈片——可愛的小兔子
         2.遊戲——龜兔賽跑
         3.健康活動—戶外學兔跳
```

　　發現學習是一種活動課程，重視幼兒學習過程與經驗的持續性與連貫性，能適合幼兒個別差異的需要，達到個別化學習的效果。不過，倘若教師缺乏經驗，或者設備、教具、材料不足，幼兒的學習就會顯得散亂無序。如何集結「單元活動設計教學」與「發現學習」的長處，讓教師既能系統的設計單元，又能配合單元的學習目標布置合宜的情境與各個學習區，這是本研究所預期達到的成效。

陸、科學教育課程之實驗

一、源　起

　　民國六十九年三月廿九日　蔣故總統經國先生曾昭示：「促使科學發達，須從基本教育上生根，所以加強科學教育為當務之急」。教育部國民教育司為加強我國科學教育往下紮根政策，遂委由師大科學教育中心著手幼兒科學教育課程之實驗。民國七十年至七十四年間，該中心邀請國內教育、心理、科學、社會學等專家學者及小學校長成立實驗研究指導委員會，由師大附幼教師

、家政教育系及科教中心人員組成研究小組，定期研究並編寫、試教、修訂教材及製作教具，其目的是希望藉實驗研究，編制適合我國社會所需之幼稚園科學課程、教材及教具，以革新我國幼稚園的科學教育。

個人的發展是一種連續不斷的過程，而且早期的發展更是整個人生的基礎，幼兒時期智力成長快速，在早期教育階段裡，讓幼兒透過五官感覺周遭的世界，以及使用正確的口語描述其經驗尤為重要。幼兒科學教育的實驗目的，在使幼兒能夠更接近大自然環境，啟發其研習科學的興趣與方法，培養其愛護自然並探討自然界的態度，以便日後成為一個具有科學素養的現代公民。

二、內　容

幼稚園科學實驗，其整個單元計畫包括：單元活動名稱、目標、時間、程序及各活動的行為目標。整個活動過程中，不僅教具及活動須有詳細的準備，同時還須以圖示說明教學的過程。

下面分別從教材、活動目標、活動設計及評量等四方面，加以說明此實驗內容：

㈠教　材

取材於幼兒日常生活中所接觸到的事物，並配合幼兒的身心發展、能力、興趣、需要，選用鄉土教材，在經濟可行的原則下加以設計；同時注意與小學數學與自然科學的銜接，避免重疊的活動設計與教學。

㈡活動目標

1.科學概念的獲得——讓幼兒經由感官、實際操作以及實物、實驗、觀察中親自體驗及思考，以便從中獲得基本

概念。

2.科學方法的學習——讓幼兒在不同的單元活動中，不斷的重複並運用觀察、分類、實驗、配對、對應、發表、推理等科學方法，使幼兒類化於日常生活情境中，並對所發生的問題加以解決。

3.科學態度的培養——在實驗過程中，特別強調好奇進取、負責合作、虛心客觀、細心、耐心、信心、發表、自動自發、喜歡創造思考等態度的養成。

(三)活動設計

1.採活動式的課程設計，以遊戲統整全部的課程，注重課程縱、橫的銜接與連貫。

2.經由實物及教具教學，提供幼兒豐富的學習經驗。

3.以心理組織到論理組織方式，做為教材排列的基礎，由易到難、由簡到繁、由近到遠、由舊經驗到新經驗、由具體到抽象，由已知到未知等循序漸進。

(四)學習評量（註廿三）

1.每一單元活動均含目標、內容、方法及評量。

2.每一單元的教學過程中，活動、評量、研討及計畫四者不斷循環進行。

3.每一單元的教學評量分為：前評量、過程評量、後評量及追蹤評量四種，採口頭、作品、發表、觀察及活動表現等多元方法進行。

為使更明確的了解此種實驗課程之進行，茲附錄有關「數的遊戲」活動過程以為參考：

表二～5：科學教育課程「數的遊戲」活動設計

壹、單元活動名稱：數的遊戲。

貳、活動時間：共三五〇分，可供七次活動，每一活動時間的長短又次數，可依幼兒的能力調整。

參、單元活動順序：圖形與顏色的認識數的遊戲。

肆、單元活動目標：1.能夠做以內的各種數的遊戲（如：多少的比較、順序、數數等）。

　　　　　　　　　2.能夠辨認的阿拉伯數字。

　　　　　　　　　3.能夠在日常生活中應用數。

　　　　　　　　　4.啟發幼兒對數的興趣。

伍、活動項目與主要行為目標：

主要行為目標 活動項目	概　　念	方　　法	態　　度
活動一 釘子遊戲 （十二種大小及顏色不同的釘子）	能夠區別大小及顏色不同的釘子。	能夠從揀釘子的遊戲中依釘子的大小及顏色做配對分類遊戲。	(1)樂於參加遊戲。 (2)願意遵守遊戲的規則。

活動二 雪花片遊戲 （數的保存性）	能夠說出同樣「數」的物體，排列方式不同，其數不變（數的保存性）。	能夠從一對一的對應遊戲中，比較同樣數目的物體，排列方式不同其數值不變。	(1)做事有耐心。 (2)做客觀的比較。
活動三 旋轉椅 （遞移律）	(1)能夠從三種集合中指出「相等」或「多」或「少」。 (2)能夠推知 A＝B，B＝C ∴A＝C (3)能夠推知 A＜B，B＜C ∴A＜C	能夠做一對一的對應並比較那邊多，那邊少及推出 A＝B，B＝C， ∴A＝C 或 A＜B，B＜C ∴A＜C	(1)願意依從老師的指示來做遊戲。 (2)做事細心。 (3)對自己有信心。
活動四 貓狗和兔子 （認識 1～6）	(1)能夠依圖片的特徵說出動物的名稱、性別及大小。 (2)能夠辨認 1～6 的阿拉伯數字。 (3)能夠找出數字卡和點數卡配成對並說說它們的數相同。	(1)能夠依指示做三種動物的分類遊戲。 (2)能夠用點數卡與數字卡表示實物的數量。	能細心地觀察事物。

活動五 池裏的金魚 （區別大、中、小及認識 1～6）	能夠區別大、中、小及顏色不同的魚。	(1)能依魚大、小、中做分類遊戲，並以同數之點數卡及數字卡排列在一起。 (2)能依魚之顏色做分類遊戲，並以同數之點數卡及數字卡排列在一起。	能細心地觀察事物。
活動六 找好朋友 （認識 7）	(1)能夠辨認「7」的阿拉伯數字。 (2)能夠從許多不同性質的實物或圖片卡中找出表示同「數」的實物或圖片卡並說出它們的「數」相同。	能夠找出性質不同，「數」相同的實物卡片，並與同數的量數卡及數字卡歸在一起。	喜歡將物品排列得很整齊。
活動七 卡片配對遊戲 （認識 5～10）	(1)能夠辨認 8～10 的阿拉伯數字。 (2)能夠說出自己所找的圖片卡與老師的數字卡上的「數」相同。	(1)能夠從找卡片遊戲中，找出與老師所出示的數字卡配成對。 (2)能夠找出性質不同，「數」相同的卡片，並與點數「相同的卡片。	願意依從老師的指示做遊戲。

卡，數字卡歸在一起。

陸、教學準備

一、教具

活動一：扣子遊戲

1.釦子：（不同大小顏色的釦子共十二種）

2.塑膠盆活動

3.………

活動二：釘花片遊戲

1.白色釘花片（小型）每人9個

2.圖畫紙（8開）

3.4種不同顏色色紙

4.教具

活動三：旋轉椅

1.卡紙（8開）

2.彩色筆

3.教具

活動四：貓狗和兔子

1.卡紙（8開）

2.彩色筆

3.教具

活動五：池裏的魚

1.卡紙（8開）

2.3.種顏色（紅、黃、綠）

3.教具

活動六：找好朋友

1.塑膠動物玩具

2.衣夾

3.接接棒

4.雪花片（大型）

5.釘子

6.木珠

7.糖果

8.小卡片（6×6公分）

9.紙盒

10.圖片卡、點數卡、數字卡

活動七：卡片配對遊戲

　　1.教師示範用之卡片（18×26公分）

　　2.小卡片（8×8公分）每人24張

　　3.教具

二、活動前準備

　　1.準備或製作教具：培養幼兒數的初步概念，必須要透過實際操作或遊戲，因此教師事前的預備或製作教具至為重要。每一幼兒應有一分教具玩具來操作外，應需多準備幾分，以防遺失損壞時做為補充之用。

　　2.教師示範用的教具，也應事先準備安善。使用示範用的圖片，顏色要鮮美，大小要合適。

　　3.教師亦可就地事取材或前請幼兒搜集廢物加以利用。

參、教學過程

一、過程圖示

活動一：

釦子遊戲

（12種大小及顏色不同的釦子）

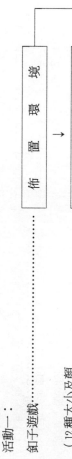

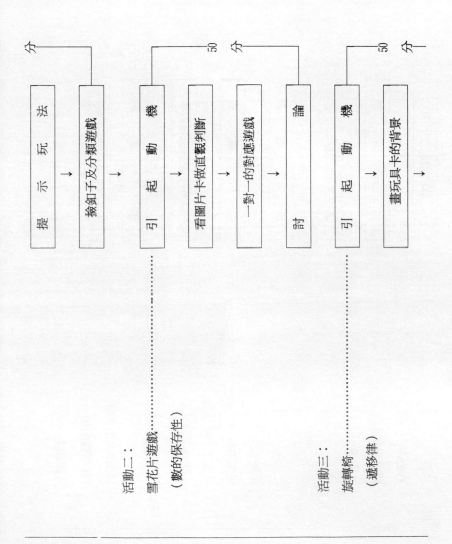

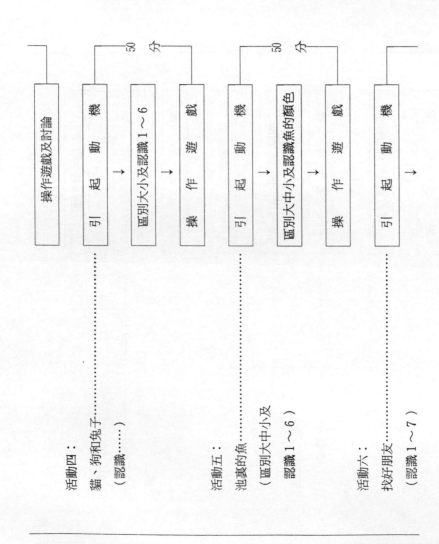

活動四：

貓、狗和兔子……

（認識……）

　　操作遊戲及討論

　　引　起　動　機　→　區別大小及認識 1～6　→　操　作　遊　戲

　　50 分

活動五：

池裏的魚……

（區別大中小及

認識 1～6）

　　引　起　動　機　→　區別大中小及認識魚的顏色　→　操　作　遊　戲

　　50 分

活動六：

找好朋友……

（認識 1～7）

　　引　起　動　機　→

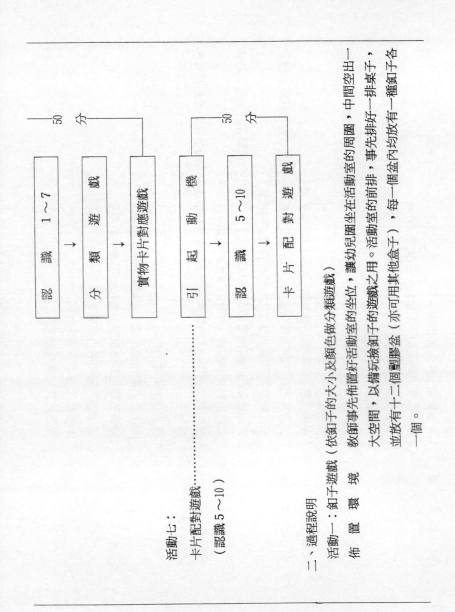

認識 1～7 → 分類遊戲 → 實物卡片對應遊戲　50分

引動機 → 認識 5～10 → 卡片配對遊戲　50分

活動七：
卡片配對遊戲……
（認識 5～10）

二、過程說明
活動一：釘子遊戲（依釘子的大小及顏色做分類遊戲）
佈置環境

教師事先佈置好活動室的坐位，讓幼兒圍坐在活動室的周圍，中間空出一大空間，以備玩滾釘子的遊戲之用。活動室的前排，事先排好一排桌子，並放有十二個塑膠盆（亦可用其他盒子），每一個盆內均放有一種釘子各一個。

引 起 動 機	1.討論衣服上釦子的用處。
	2.觀察自己衣服上釦子的顏色、形狀及大小。
	3.小朋友彼此互相觀察對方釦子的顏色、形狀及大小。
	4.討論如何將混合起來的多種釦子分開來？
	5.教師一面唱「撿釦子」的歌，一面將十二種混合的一大盒釦子，撒在活動室的中間。

活動二：雪花片遊戲（同樣「數」的物體，排列方式不同，其數不變）

| 引 起 動 機 | 1.討論雪花片的顏色及玩法。（如幼兒從沒玩過，教師可提供此玩具讓幼兒先玩後再討論。亦可用別的玩具或實物代替）。 |
| | 2.讓幼兒從袋內取出裝有雪花片的小袋子，並取出白色雪花片，任其在桌上自由排列遊戲後，再進行下面的遊戲。 |

看 圖 片 卡 做 直 觀 判 斷	1.讓幼兒看圖片卡，討論圖片卡上有那些什麼顏色的圓？它們的形狀有那些？
	2.讓幼兒用直觀的判斷：
	(1)淺綠色圓和藍色圓，看起來那邊比較多？
	(2)橘色圓和草綠色圓，看起來那邊比較多？
	(3)淺綠色圓和橘色圓呢？
	(4)淺綠色圓和草綠色圓呢？
	(5)藍色圓和橘色圓呢？

一對一的遊戲
對應

(6)藍色圓和草綠色圓呢？

教師提示下面的問題，讓幼兒操作遊戲：

1.雪花片和淺綠色圓，一對一對應看看，那邊多？

2.雪花片和藍色圓，一對一對應看看，那邊多？

3.雪花片和橘色圓，一對一對應看看，那邊多？

4.雪花片和草綠色圓，一對一對應看看，那邊多？

討論

教師提出下列問題和幼兒們討論比較，此時讓幼兒們看著圖片來思考，不做一對一的對應操作，而回答下列各問題：

1.雪花片和淺綠色圓那邊多？為什麼？

2.雪花片和藍色圓那邊多？為什麼？

3.那麼淺綠色圓和藍色圓，那邊多？為什麼？

4.雪花片、淺綠色圓、藍色圓，那邊多？為什麼？

5.雪花片和橘色圓，那邊多？為什麼？

6.雪花片和草綠色圓，那邊多？為什麼？

7.那麼橘色圓和草綠色圓，那邊多？為什麼？

8.雪花片、橘色、草綠色圓，那邊多？為什麼？

9.雪花片和圖片上的四種顏色的圓，它們的數目是一樣多呢？還是不一樣多？

10.最後讓幼兒發現：

(1)它們的數都是一樣的。

(2)同樣「數」的物體，排列方式不同，其數不變。

活動三：旋轉椅（遷移率A＝B　B＝C　∴A＝C　A＞B　B＞C　∴A＞C）

引　起　動　機

1.談論去過兒童樂園的經驗（或公園）。

2.讓幼兒發表，兒童樂園有那些玩具？

3.假想大家將要到兒童樂園去玩，老師彈「郊遊」的歌曲，讓幼兒在活動室四周走來走去或跑來跑去，最後零聲停，來到兒童樂園（或公園）引進下面的活動。

畫玩具卡的背景

1.打開教材，讓幼兒說出圖片上有什麼玩具？（旋轉椅，事先由教師塗好顏色，並剪好用釘書針固定，可以自由轉動）

2.提示小朋友，旋轉椅的四周該有些什麼景色和人物，並讓小朋友在卡片的四周，依自己的構想，畫出背景。

操　作　遊　戲

1.畫好後，打開另一「人物袋」，和幼兒們討論袋內有那些人物？（小男生8個、小女生8個，小熊9隻、小猴子7隻。）並唱下面的歌曲（本歌曲可利用唱遊時間或其他時間教唱，或利用錄音帶錄下歌曲，於幼兒操作遊戲時播放。

2.「今天是世紀幼稚園的郊遊日，小朋友們都來到了兒童樂園。他們都想坐旋轉椅，老師請小明和小玲出來猜拳。看小男生和小女生那邊贏？贏的人後先坐，輸的人後先坐。結果小玲贏了，所以小女生先坐。」

3.請女生排隊，按照順序和旋轉椅一對一的坐上。「請小朋友幫忙他到到山坡上，他們想做下面的遊戲，請小朋友幫忙他他們找出來，並配上數字卡和點數卡。」

(1)請你們將小花狗的一家人找出來，並配上點數卡和數字卡。

(2)請你們將小花貓的一家人找出來，並配上點數卡和數字卡。

(3)請你們將兔子的一家人找出來，並配上點數卡和數字卡。

(4)找出貓、狗、兔子的媽媽來，並配上點數卡和數字卡。

(5)找出貓、狗、兔子的爸爸來，並配上點數卡和數字卡。

(6)找出貓、狗、兔子的哥哥或弟弟來，並配上點數卡和數字卡。

(7)找出貓、狗、兔子的姊姊或妹妹來，並配上點數卡和數字卡。

(8)找出三種動物的爸爸和媽媽來，並配上點數卡和數字卡。

(9)找出三種動物的孩子來，並配上點數卡和數字卡。

(10)找出兔媽媽和貓的一家人來，並配上點數卡和數字卡。

（此題可做不同動物，大小來做數數遊戲，但其總和不可超過 6 ）

(11)遊戲後將所有教具放入塑膠袋內，供以後繼續玩至熟練為止。

　　註：幼兒在操作的過程中，教師要評量一下所有的幼兒，是否都做對了，如不會做，或做錯了，教師要特別給予輔導，或記下名字，於活動結束後找時間另行給予輔導。

　活動五：池裏的魚（區別大、中、小及認識 1～6 ）

引起動機	1.討論圖片（或水族箱）內，有什麼樣的魚？ 2.從談論中唱「魚兒水中游」的歌曲，以引起動機。 3.模仿魚兒水中游的動作。
認識魚的顏色區別大中小及	1.教師利用絨布板做示範擧敎，讓幼兒區別魚的大、中、小。 2.討論敎具中魚的顏色及大、中、小。（粉紅色大魚2條，中魚1條，小魚1條共4條。綠色大魚有1條，中魚有3條，小魚有2條，共6條。黃色大魚有1條，中魚有2條，小魚有2條，共5條。）
操作遊戲	1.找出綠色的魚，並依大、中、小排列後，數數看有幾條？配上數字卡和點數卡。（6條） 2.找出粉紅色的魚，並依大、中、小排列後，數數看，全有幾條？配上數字卡和點數卡。（5條） 3.找出黃色的魚，並依大、中、小排列後，數數看，共有幾條？配上數字卡和點數卡。 4.找出粉紅色大魚，並配上點數卡和數字卡。（2條） 5.找出黃色大魚，並配上點數卡和數字卡。（1條） 6.找出綠色大魚，並配上點數卡和數字卡。（1條） 7.找出粉紅色中魚，並配上點數卡和數字卡。（1條） 8.找出黃色中魚，並配上點數卡和數字卡。（2條） 9.找出粉紅色小魚，並配上點數卡和數字卡。（3條）

10.找出粉紅色小魚，並配上點數卡和數字卡。（1條）

11.找出黃色小魚，並配上點數卡和數字卡。（2條）

12.找出綠色小魚，並配上點數卡和數字卡。（2條）

13.找出三種顏色的大魚，並配上點數卡和數字卡。（4條）

14.找出三種顏色的中魚，並配上點數卡和數字卡。（6條）

15.找出三種顏色的小魚，並配上點數卡和數字卡。（5條）

16.把魚放入水池內，任幼兒們自由操作遊戲。

17.玩過後，放進袋內，以後可繼續玩至幼兒有概念念止。

活動六：找好朋友（找出性質不同，「數」相同的實物或卡片1至7）

引　起　動　機

1.教師事先將活動所需的實物放進紙盒內（廢物利用──餅乾紙盒），並搖動紙盒，讓幼兒們聽聲音，猜猜看，裏面的東西是什麼？

2.猜猜看裏面有幾種東西？（提示幼兒7種以內）教師依小朋友所猜的數目，出示數字卡，讓幼兒們辨認1～7的阿拉伯數字。

3.教師將紙盒打開，倒出所有的東西，並唱「找好朋友」的歌，引進下面的活動。

分　類　遊　戲

1.教師分發教具：

(1)紙盒（內裝有塑膠小動物一個，衣夾兩個，接接棒玩具三個，雪花片四個，釘子五個，木珠六個，糖果七顆。

(2)圖片卡：每人一套。

(3)點數卡。

(4)數字卡。

2.讓幼兒打開紙盒，倒出裏面的東西，說出實物名稱？

3.將相同的實物放在一起。

4.老師說出實物的名稱，要幼兒說出其數有多少？

實物與卡片的對應遊戲

1.取出圖片卡，讓幼兒說出圖片卡上面所畫圖形的名稱，並說出其數有多少？

2.將相同數目的實物、圖片卡放在一起。

註：讓幼兒了解一個塑膠動物與圖片上的一部汽車，它們都是「1」等，依此類推至「7」。

3.將點數卡放在相同「數」的實物和圖片卡的旁邊。如一個塑膠動物與圖片上的一部汽車和「1」的點數卡是相同的。依此類推至「7」的點數卡的旁邊。

4.將數字卡放在相同的實物、圖片卡、點數卡的旁邊，讓幼兒了解不同性質的實物，它們之間也有相同「數」之概念。透過操作遊戲，讓幼兒了解了相同性質的實物，它們之間也有相同「數」之概念。

活動七：卡片配對遊戲（認識 5～10）

引起動機

1.教師一面唱「數小朋友」的歌，一面出示 1～10的數字卡。

2.教師拿出數字卡，讓幼兒說出多少？

3.拿出兩張不同的數字卡讓幼兒比較多少？

卡片配對遊戲

例⑧和⑩那邊多等。

1.教師分發教具：

(1)每人兩套不同的圖片卡（人和魚）每套六張（5～10）。

(2)每人一套點數卡，有六張（5～10）。

(3)每人一套數字卡，有六張（5～10）。

2.提示下列的玩法：

(1)教師拿出示範用卡片如「5」，讓幼兒找出相同數的：①數字卡
　　②點數卡　③圖片卡。

(2)把人物的圖片卡，依數的順序排列。

(3)將魚的圖片卡，依數的順序和人物的圖片卡做對應排列。

(4)將點數卡放在相同數的圖片卡旁邊。

(5)將數字卡放在相同點數卡和圖片卡的旁邊。

(6)玩過之後將圖片卡、點數卡、數字卡分類，並用橡皮筋套好，放進袋
　　內。

捌、教學評量

一、教師教學效率評量

二、幼兒學習成就評量

　　科學敎育課程之實驗是採行為課程，單元設計敎學以及發現學習的優點，各個活動均有明確的具體目標，可做為評量的依據，不過也因為以行為目標設計活動，在敎學過程中容易忽略幼兒潛在課程的學習，是為此種實驗課程之缺點。鑑此弊端之產生，「開放式幼兒活動設計」在各種活動的實施過程，特別強調潛在課程的影響效果。

　　以上對我國幼稚園各種課程實驗加以說明，並對其優缺點略作評析，為更清楚及明白，下面以表列方式加以說明其相異及限制之處，希望從其中的比較與發現，找尋我國幼稚園課程的應循途徑。（註廿四）

表二～6：我國幼稚園各項課程實驗之比較

課程實驗名稱＼項目	生活教育 課程實驗	五指教學 課程實驗	行為 課程實驗	大單元設計 課程實驗	發現學習 課程實驗	科學教育 課程實驗
單元時間	①一週為主。②季節為輔。	以一週為主。	以一週為主。	①小單元以一週為主。②大單元以一月為主。	時間較具彈性，較無限制。	每單元教學活動時間為 1 － 2 週。
活動內容	①人類生活的全部，教育即生活。②教學做合一。	分成健康、社會、科學、藝術、語文等五項。	以行為實認與目標為主。	以生活問題為學習之主要單元。	依幼兒學習興趣決定中心單元。	①自然數學為主要學習中心。②大小班各分12單元。

教材及環境布置	①取之於大自然及生活周遭。②較缺乏。	①教材爲主。②情境佈置較不重視。	①室內靜態的情境佈置較少。②教學時所用的單元教具較多。	強調各項發現角落之安排與布置。	配合各項實驗單元所有各項靜態布置與教學進行中所使用之教學輔助教材。
教學主體	①幼兒爲主體。②教法仍採灌輸式。	①教材與教師爲主體。②幼兒較少參與。	①以教師爲主體。②強調幼兒實際行爲之發展與實踐。	①以幼兒爲學習主體。②鼓勵幼兒的參與活動。	①以教師引導爲主。②強調幼兒之實際操作與參與。

表二～7：我國幼稚園各項課程實驗之優點及限制

實驗主題比較內容	生活教育	五指教學	行　為	大單元設計	發現學習	科學教育
實驗	課程實驗	課程實驗	課程實驗	課程實驗	課程實驗	課程實驗
優　點	①強調教育應與生活緊密結合，幼稚園的課程包括人類生活的全部。 ②實驗目的在建立一個省錢、平民、中國式的幼稚園。 ③重視幼兒的衛生保健及	①能把握各項教材重點。 ②能統整各項教材內容兼顧課程之平衡設計。 ③能進行各項教材之聯絡教學。	①課程內容經由教師精選更能切合兒童實際生活行為與需要。 ②行以求知易激發幼兒學習興趣。	①著重生活經驗之獲得及解決問題的方法。 ②幼兒較易獲得完整的學習經驗。 ③幼兒學習興趣較高。	①單元情境、學習角落安排，易激發幼兒主動學習意念。 ②幼兒能主動學習充滿興趣、相互切磋。 ③單元教學時間較具彈性重視學習歷程。	①綜合行為課程大單元設計及發現學習各課程之特點、進行課程設計。 ②學習目標具體明確容易於實施評量與改進。 ③具科學探索之精神與態度。

限制						
①課程計畫仍嫌粗略。②灌輸方式仍比啟發式為多。③實驗範圍偏重在鄉村,未能推及城市幼稚園。戶外活動。	①偏重教材中心。②缺少幼兒之主動參與。③教師主導比重較多。④教具運用及數量較少。	①著重幼兒行為發展,有時不易達成完整之學習活動。②幼兒缺乏創造思考、想像與象徵遊戲。③評量目標較籠統。	①教學單元易因人力經費限制易流於空洞。②教師本身需極具策劃及引導能力。③活動時間與單元統整需相調配,避免流於教材本位。	①教師之用心與經驗容易影響學習統整及目標。②角落之豐富性影響幼兒之發現與學習。③學習結果須賴教師引導與統整,教師需具高度專業素養。	①過度強調行為目標,答易忽略幼兒本身學習需求。②對於潛在課程、情意教學較少關注,易流於教材導向。③推廣實施時易因教師之科學能力與素養流於利重結果之呈現。

　　除了上述的課程實驗之外，台灣目前尚有部分幼稚園應用福祿貝爾（F. Froebel）恩物及蒙特梭利（D. M. Montessori）教具進行教學。福祿貝爾恩物及蒙特梭利教具的教學，可供幼稚園使用之處不少，但是如果不能將之本土化，甚至誤導其用途，而與雙語併行，（註廿五）將學費提高至數以萬計，崇洋媚外之舉，恐使幼兒未蒙其利先受其害。因此，本研究嘗試利用恩物、教具的不同性質及功用，分別融入各單元學習區的情境布置，供幼兒學習與教師指導之用。例如：將福祿貝爾恩物中的「球、體、面、線」放在益智區或美勞區；把蒙特梭利教具中的音筒、音感鐘布置在音樂區，將觸覺板、重量板、溫度筒等放在科學區。配合學習單元之需，隨時更換教具與玩具，不僅能引發幼兒的好奇心，而且也大大的提高了幼兒學習的興趣。

　　基於這兩種教具的使用方法或皮亞傑（J, Piaget）運思方法中的「分類」、「配對」、「對應」、「序列」，在本研究中均將其視為教師因需要而採行的一種教學方法或為幼兒布置的一種學習情境。因此，本研究不特別將其列入課程實驗。

附　註

註一：何曉夏，簡明中國學前教育史，北京師範大學，一九九〇，頁一五七。

註二：李定開，中國學前教育，西南師範大學，一九九〇，頁二六三。

註三：教育部，幼稚園課程標準，台北，正中書局，民七十六，頁九十六。

註四：台北市政府教育局，幼稚園評鑑報告，民七十九，頁八十
　　　七。
註五：同前註，頁七十二。
註六：戴自俺、龔思雪，陶行知幼兒教育的理論與實踐，四川教
　　　育出版社，一九八七，頁三十三。
註七：同前，頁三十七。
註八：同註一，頁二三三。
註九：浙江省陶行知研究會，陶行知教育思想講話，浙江教育出
　　　版社，一九八八，頁二十一。
註十：同前，頁三六七。
註十一：同註一，頁二九八。
註十二：熊慧英，幼兒活動單元教材教法，台北，正中書局，民
　　　　四十三，頁四十。
註十三：黃寶珠，幼稚教育資料彙編（上），台北市立師院，民
　　　　六十五，頁九十七。
註十四：張雪門，中國幼稚園課程研究，台灣，童年書店，一九
　　　　七〇，頁七。
註十五：黃世鈺，我國幼稚園課程實驗探析，載於「台灣省第二
　　　　屆教育學術論文發表會－幼兒教育」，新竹師院，民八
　　　　十，頁一三九。
註十六：同註十三，頁一一四。
註十七：盧素碧，近四十年來我國幼兒教育之教材教法，國立教
　　　　育資料館集刊，十三集，頁一〇七。
註十八：盧美貴，幼兒教育概論，台北，五南圖書出版公司，民
　　　　七十八，頁二五七。

註十九：同註十七，頁一〇八。

註二十：同註十七，頁一〇七。

註廿一：盧美貴，幼兒常識教材教法研究，五南圖書出版公司，民七十六，頁一四七。

註廿二：倪鳴香，角落內容的選擇，載於「從發現學習邁向統合教學」，台北，信誼基金出版社，民七十六，頁三十一。

註廿三：同註十七，頁九十七～一二三。

註廿四：同註十五，頁一五八～一五九。

註廿五：台北市政府教育局，幼稚園評鑑報告，民八十年，頁七十六。

第三章　夏山學校的創立及其教育內容之分析

第一節　夏山學校的創立與發展

　　夏山學校（Summerhill School）位於倫敦東北薩弗克（Suffolk）雷斯頓（Leiston），係英國尼爾（A. S. Neill）於一九二一年所創。夏山學校的前身係尼爾與達爾寇斯（J. Dolcroze）等人在德國德列斯登（Dresden）哈雷拉（Hellerau）所建的國際學校（International School），後因尼爾與合夥創校人辦學的教育理念有異，加上一九二三年共產黨在德國南部撒克尼（Saxony）發生暴動，乃遷校於維也納，由於該校不授宗教課程，和當地居民虔敬的信仰迥然有別，一九二四年暫居於奧地利聖塔格斯堡（Sonntagsberg）。返英後的尼爾，在南部都爾薛特（Dorset）拉姆雷基斯（Lyme Regis）的「夏山」設校，後雖又因校地土質鬆散，二次戰爭的破壞以及多雨天氣，加上語言隔閡的諸種因素，夏山曾多次輾轉遷校於雷斯頓以及北威爾斯（North Wales）的費斯廷格（Festiniog），直到一九四五年戰

爭結束，尼爾才又把學校遷回倫敦附近的雷斯頓直到今天，該校仍名爲「夏山」。夏山學校的簡史如下表：（註一）

表三～1：夏山學校簡史表

時　　　間	地　　　　點	遷　校　原　因
一九二一	在德國德列斯登哈雷拉創「國際學校」，爲夏山之基。	1.與合夥創校人教育理念有異。 2.一九二三年戰火起於德國南部的撒克尼。
一九二三	維也納附近的泰洛。	1.非教徒的種種行爲與村民的虔敬宗教不合。 2.學校未授宗教課程。
一九二四	奧地利聖塔格斯堡。	1.多雨、土質欠佳。 2.只爲暫居地。
一九二四	英國南部都爾薛特拉姆雷基斯的「夏山」。	1.休假聖地，往來人多。 2.土質鬆散、上山費力。
一九二七	英國倫敦東北的薩弗克雷斯頓。	二次世界大戰時遭破壞。
一九四〇	威爾斯的費斯廷格。	1.雨多、宗教氣息濃厚。 2.語言不通。
一九四五～一九八九	倫敦薩弗克的雷斯頓。	1.學校目前仍在該址。 2.該校仍名爲夏山學校。

　　夏山學校很少接受企業財團或政府機構的補助，沒有階級、男女、種族、貧富之分，可以說是夏山最大的特色，「自由、民主與愛」是七十多年來該校一直秉持的教育理想與學習目標。（註二）

　　下面分別從「教育目標和措施」、「學生」、「教職員」、「財務狀況」以及「皇家督學視導報告」來說明建校於雷斯頓至今的夏山概況：

壹、教育目標與措施

　　尼爾雖未說明夏山學校的教育措施是一種「以人為本」的教育，然而，夏山學校教育重視愛、幸福與快樂，強調自由、自律與自我教育，卻充分顯示現代人文主義教育的理想。其教育的本質在「使一個人更像一個人」，亦即使人更能表現「人」的價值。其教育目的強調人格的陶冶比知識的傳授更為重要。尼爾認為兒童心智的發展與情意教育有著密不可分的關係，假如我們不給孩子情意上的外在壓抑，那麼他的心思就會變的更靈敏。在夏山有關權利與義務的擁有與行使，經常是透過週末的學生自治會來決定。統整而彈性的課程與兒童生活經驗息息相關，在夏山學校，任何人都可以依個人的興趣選擇自己所要探討的主題與研究的內容；（註十五）促發兒童豐富的想像力以及幽默的對話，常使活動的進行充滿樂趣和創意，角色扮演與討論活動是教學過程中常用的方法，雙向的互動與彼此的尊重使學童充滿活力與朝氣。

英國中等學校證書考試（GCE）也為想進入大學的夏山學生提供機會。在大多數學校中這些考試為學生們所重視，許多學生為通過這些考試準備多年。在夏山這些課程是選修的，學生可以自由選擇自己喜愛的課程，選了課，學校希望學生真正了解此項「工作」，而且對這件「工作」努力以赴，因為他們不考試。學校的理論是：你選課是因為你想好好的在學習，而學生們也的確認真的在學習。夏山學校並不硬性規定學生們上課，一旦去了就得安靜用心的學習。學校通常把課程安排在早上以及下午的後段時間，大部份的時間孩子們都在上課的小屋中。嚴寒的天氣裡他們通常會隨孩子們或老師的喜歡，到教師的房間或到職員宿舍；夏天，課程通常安排在戶外。夏山的孩子不必像其他的兒童一樣，一旦進入課室就得裝出一副正經的模樣；他們儘可放鬆自己，享受自由自在的樂趣，在夏山師生們彼此尊重。

學校辦學的原則是使學校適應學生，而非學生遷就學校，因此外界對它有「隨心所欲的學校」（Go as you please school）之稱。為了「自由、民主與愛」的教育理念，學校不使用處罰，放棄種種校規、訓示、精神講話及宗教活動。（註三）學生在自治（Self-govern）及自律（Self-regulation）的前提下，學習團體生活的規範，沒有苛責與懼怕，學校裡充滿快樂。（註四）

尼爾認為生命的意義在追求幸福及尋求興趣，（註五）而我們教育中很少能讓孩子真正的表現自己，即使勞作也大都是在一個專家監督下製造相同模式的產品。在教學方面，尼爾認為蒙特梭利教學法也只是讓孩子從中做學習，並未具有多大的創造。此外，他以為時下青年知道得很多，辯論對答如流，出口也成章，但對人生的體驗卻膚淺。他們只被教怎樣去「了解事物」，未學

到怎樣去「感覺」。這些學生很友善，也很和氣、熱心，但卻缺乏情感、人性、愛以及自由的意志。這種教育制度的發展很容易導致認知與情意學習的分離。（註六）只教孩子頭腦而忽略情意、技能動作的教育是偏頗的。（註七）尼爾的教育觀點是社會主義的，他認為教育的功能在使人們更優雅、更有生命力以及更人性化。教育應該使兒童免於恐懼和懲罰，愛和信任應該建立在每個人心中；教育應該引導兒童思考、感受和建立自信，使其成為做事有效率，待人有愛心以及社會的健全國民。教師不應該是一位照本宣科或一部只告訴兒童事實的百科全書，他是一位教導兒童探索與發現的人。（註八）這是尼爾的教育理念，也是他創立夏山學校的基本前提。

　　一九七三年尼爾逝世後尼爾太太安娜女士接掌夏山，事實上尼爾太太在尼爾死前三、四年即當校長。（註九）夏山學校的政策仍和尼爾生前一樣：自治、上課和考試選擇相當自由，學校提供老師參考的課表，（如表三～２、三～３）不過進行的內容和方式仍以學生為主。（註十）

表三～2：夏山學校教師參考課表

十五歲以上

星期	9:30~10:10	10:10~10:50	10:50~11:10	11:10~11:50	11:50~12:30	12:30~1:15	1:15~4:30	4:30~5:30	5:30~6:30
一	英語	數學	休息	德	語	德	休息	生物	
二	英語	數學	休息	數學	語	陶藝	休息		
三	數學	英語	休息	生物	法語(初級)		休息	語	
四	英語	數學	休息	歷史	地理	理	休息	語	
五	英語	語	休息	生物	數學	化	休息	化	

十四歲～十五歲

星期	9:30~10:10	10:10~10:50	10:50~11:10	11:10~11:50	11:50~12:30	12:30~1:15	1:15~4:30	4:30~5:30	5:30~6:30
一	依教師專長開課	依教師專長開課	休息	生態學	數		休息	理	化
二	依教師專長開課	依教師專長開課	休息	算	算		休息	依教師專長開課	
三	陶藝	陶藝	休息				休息	生態學	
四	依教師專長開課	依教師專長開課	休息	算	算		休息	依教師專長開課	
五	園藝	園藝	休息	數	生態學		休息	依教師專長開課	

表三～3：夏山學校教師參考課表

年齡	星期	9:30~10:10	10:10~10:50	10:50~11:10	11:10~11:50	11:50~12:30	12:30~1:15	1:15~4:30	4:30~5:30	5:30~6:30
十五歲以上	一	生物	英語	休息	化學	數學	文學	休息	歷史	
	二	數學	英語	休息	生物	文學	歷史	休息	物理	地理
	三	數學	數學	休息	英語	生物	法語	休息	英語會話	
	四	數學	生物	休息	化學	英語	文學	休息	物理	地理
	五	生物	數學	休息	法語	英語	學	休息	化學	文學
十四歲~十五歲	一	數學	生物	休息	德語	英語	德語	休息	法語	
	二	數學	數學	休息	英語	生物	法語	休息	地理	
	三		語法	休息	法語	數學	學	休息	心理學	
	四	英語	英語	休息	數學	英語會話	德語	休息	生物	地理
	五	數學	生物	休息	學	英語	心理學	休息	化學	

　　學生自治會是一個至高無上的組織，學校平常生活的大小事情都由週六的全體大會通過。尼爾太太亦於一九八五年夏天退休，由他的女兒左綺小姐接任。夏山學校沒有政府財政上的資助，一切全靠收費與偶而的贈款來維持。有鑑於此，左綺乃發行「夏山之友」（Friends of Summerhill）（季刊）、夏山明信片以及介紹夏山學校的錄影帶等廣開財源，以利夏山學校的發展。一九八七年為更積極的推展與實現尼爾的建校理想，以及提供夏山更多、更充實的教學設備、提高教師待遇和更新校舍等活動，將「夏山之友」易名為「夏山之友基金會」（ Friends of Summerhill Trust）。左綺有三個孩子，他們都在夏山學校就讀。

　　學校的入學申請採開放制，根據其招生簡章簡明敘述：夏山是一所以「生活」第一，「學習」為次的學校，不教授任何宗教、政治等課程，採男女合校方式，學生的年齡六至十六歲，入學年齡不得超過十一歲。入學時學校會發給孩子們必備的日常用品的清單，每樣東西要寫上名字，貴重物品如照相機、錄音機、錄影機等宜少帶到學校，在夏山孩子要養成自行保管物品的責任。學校定期發給孩子零用錢，因此，除了節慶或生日外，尼爾希望家長儘量少寄零用錢給孩子。為讓孩子專心學習並養成獨立的精神，家長們宜少打電話給孩子。開學前和學期結束前學校會寄給家長通知，使家長能及早為孩子訂購機票，學費要先付清，假期通常孩子不留校，師生比例一般是十比六十五左右，課程包括英文、法文、德文、生態學、科學、生物、數學、土木、金屬工、陶器、藝術、手工，音樂和芭蕾是選修；入學前得先寄交種痘、破傷風以及各種預防針的證明。了解學校創立的宗旨、入學的種種規定以及其教育內容，對子女在夏山的學習與適應會有很大的

裨益。

　　夏山學校大約有六十五名左右的學生，他們的年齡分別由六歲到十六歲，學校依年齡將其分成三班——小班六到七歲，中班八歲到十歲，大班十一到十六歲，每班有一位褓姆(House Mother)。學生來自北歐、英國、德國、荷蘭、南非、日本及美國等。每二到四人共住一房，宿舍沒有內務檢查，學生可以穿著任何衣服，沒有統一規定的制服，辦公大樓、餐廳、保健室、美勞教室、學生宿舍、教師宿舍均與花園相連，環境幽雅，校園寬敞，學生有很大的活動空間，能自動自發，對自己充滿信心是孩子的特色，偶有不拘小節，然大體有禮可親，自在而不忸怩。畢業的校友中有工程師、砲兵中隊長、轟炸機隊長、芭蕾舞星、名樂隊暨笛吹手、無線電台長、專欄作家、空中小姐、護士、大公司主管；擁有學士、碩士及博士者亦不乏其中，難能可貴的是夏山的畢業生大都能以「自由、平等和愛」的教養態度來對待他們的子女，他們對夏山的情懷溫暖而真誠。（註十一）

貳、教職員

　　夏山學校的師資陣容有愛丁堡的英國文學士、利物浦大學的碩士、劍橋大學的研究生及史學士、倫敦大學的文學士和富於專長的藝術和手工藝老師，教職員由校方供給膳宿。在夏山，對孩子而言，教職員和他們一視同仁沒有差別待遇，沒有任何教職員可以強迫孩子選課或要求孩子做事，而他自己卻不做。在夏山，孩子們明瞭他們和教職員的不同只是在「年齡」和「知識」上，而非由於畏懼。「愛心」、「耐心」而能得到孩子的敬重是夏山

禮聘教師的首要條件。不過夏山的師資卻始終困擾著尼爾，普通的待遇卻要求教師做著「全天候」與「永無止境」的工作。（註十二）此外，也有不少老師害怕夏山的自由選課制度，因為他們必須是真正的好老師，否則這門課將沒人參與。教職員有時也會因為和尼爾的教育理念不和而辭職，譬如：有一次有位男孩想做一把五弦琴（Banjo），但被木工老師拒絕，理由是因為這項工作太難了。尼爾以為學生要做一把五弦琴，老師就應給他材料並且輔導他製作五弦琴，至於做的好不好，那是他自己的事，結果這位老師很生氣的對尼爾說他不該與學生聯合起來對付他，並且當場辭職。（註十三）爭論抗議和相互嫉妒的事偶也會發生，不過大部份的老師對夏山建校的宗旨和精神都有一份深入的了解與認同。

參、財務狀況

　　夏山學校的財務大部來自尼爾著作的版稅、演講所得以及學生所繳交的學費。金錢對夏山來說始終都是一種壓力，如果有更充裕的經費，也許可以提高老師的待遇或者延聘更好的師資，許多物理和化學上的實驗設備也不必閒置或被移為他用。

　　夏山有幾次瀕臨破產，後艾爾斯特（W. K. Emhirst）大力資助七千英磅（每年一千英磅），巴茲（J. Baze）為夏山學校在倫敦開了一場音樂會，加上她舉辦演唱會的收入，陸陸續續資助尼爾三、四千英磅，才挽回夏山垂危的命運；此外，很多仰慕尼爾辦學精神的家長以及無名氏也給夏山不少經費的資助。當皇家視導員（Her Majesty's Inspectors）發現夏山改建而卻沒經

費時，也曾予以三萬美元的資助，不過沒有雄厚資本的私立學校，事實上是很難和公立學校相競爭。（註十四）由於經濟上的窘困，夏山學校有教導藝術及手工的老師，但卻沒有足夠的經費聘請一位舞蹈或音樂老師；一個物理或化學實驗室和家事烹飪中心，雖然多年來一直是尼爾夢寐以求的心願，但也礙於財務的短絀而落空。為此，尼爾曾感觸的說：金錢雖不一定能買到快樂，不過有時卻可以藉它完成許多「夢想」。（註十五）

肆、英國皇家督學視導報告書

　　為實地了解夏山學校的教育概況，英國皇家督學(The British Government Inspectors）布列凱（J. Blackie）及彭柏頓（D. Pemberton）曾於一九四九年六月廿、廿一日兩天視導該校。（註十六）此報告書的附記中曾說明該報告係屬機密文件，除經學校同意不得對外公開，如要出版也須全文登載。由於尼爾所著「夏山學校」（Summerhill: A Radical Approach to Child Rearing）一書中已搜錄此文，（註十七）並對此報告書內容加以註解說明，（Notes of His Majesty's Report）因此本文依序摘其要者以明皇家督學的評析；其次，為了解創辦該校的尼爾對此報告內容的意見，也將他的說明擇要敘述。

一、皇家督學報告書的內容大要（註十八）

　　夏山學校是尼爾革命性的教育實驗。該校學生一律住校，辦學的基本原則是儘量給兒童自由，但涉及生命安全時，自由就有限制。例如：低年級如果沒有高年級小朋友的帶領不能走出校園

；幼兒游泳如果沒有救生員在場就不能單獨游泳。學校並沒有硬性規定孩子一定要上課，事實上大多數的孩子仍舊照常上課和寫作業。其中有一個小朋友住在夏山十三年卻一節課也沒上過，但畢業後卻成爲相當傑出的機械設計專家。

自治會客觀而公平的探討學校與學生們所提出的各種問題，有一次自治會討論解聘老師的事，學生們都能很理智的討論，並且也能讓老師諒解他們的立場。

一般的父母和教師反對學校對「性」的開放，其實學校對這方面也有其限制。尼爾以爲適當的教導學生性知識可以避免與罪惡感混爲一談。夏山是男女合校，校風開放，倘若性被視爲禁忌遊戲，在好奇的強烈慾望下，學生們可能就會爲所欲爲。

沒有宗教教育和限制是夏山學校的特色，每個人的信仰都被絕對的尊重，兒童很多來自基督教的家庭，因此，基督教的精神也存在於校園中，學校向來不用教規約束學生。下面敘述夏山學校的組織和教學活動：

(一)學校的組織

學校有七十名學生，年齡分別由五、六歲到十五、六歲，依年齡與能力分班。一星期上課五天，每天五節，每節四十分鐘，每班有一定教室和老師，並不硬性規定學生一定要上課，隨兒童年齡成長與自我選擇其上課率自然增加，但兒童的選擇未必都是適當的，這種自由的學習方式，使學生在學業成就方面的程度不免低落。由此原因，致使低年級的課業乏人督導；高年級缺乏引導和刺激學習，所以要離校再進修或就業時，必須施以補救教學；正規的教學如果適度的運用於夏山，學生的課業會較有進步；此外學生缺乏私生活，由於住校又不能單獨有自己的房間，無形

中減少自己讀書的時間。

該校藝術方面有很大的成就，舉凡美勞、工藝均有相當的水準。學生自辦壁報劇作方面每學期均有編演，好壞雖不易評定卻辦得有聲有色。

體育也是遵照自由的原則進行，學生可以自選曲棍球、網球以及足球等課程。他們曾與校外比賽曲棍球，有一次當他們知道友隊的好手因病不能參加時，他們決定不派校內高手以示公平，這種關心、體諒他人的舉動，在夏山學校處處可見。學生喜愛戶外活動，各個學生，健康、活潑、好動而有精神。

㈡校園與校舍

校園寬闊寧靜，學校的主要建築原係一棟私人住宅，現在是辦公大樓、餐廳、保健室、藝術館及美勞教室、女生宿舍。男生宿舍與女生宿舍相毗連而直通花園，教職員宿舍原係養老院，師生的合作與努力已使破舊的建築物煥然一新。

㈢學校教職員

夏山的老師，就學歷及能力言，水準甚高，但以年薪九十六英磅實難延攬優秀的師資，此為夏山一大難題。尼爾是一位誠摯而又深具說服力的人，人格高尚、處事不武斷、有信心和耐心，具幽默感而且待人溫和、富有人情味。真誠之情可以見及他的臉上與行動上，小朋友隨時都可以分享他的慈祥和藹。

尼爾以開放的胸襟培養學生自由的學習氣氛，使孩子們的學習成長充滿著快樂生活，並且勇於接受批評與建議。他相信重視學生的善良本性而允許他們在學習的自由成長，要比教給學生知識和技能重要。

皇家督學對這方面的表現有如下的評論：

1.學生充滿活力與熱忱，孩子的臉上充滿快樂與喜悅之情，毫無冷漠與厭倦的表現。此校原來大都是問題兒童會聚之所，現在的素質已與一般學校相似。

2.兒童的表情與態度明朗而快樂，友善、自然、落落大方不做作是他們的特色。

3.學校鼓勵孩子們自動自發、眞誠、負責、兒童從小就養成善良的本性。

4.畢業後的校友大致能適應正常的社會。畢業的學生有在皇家軍隊中任總工程師、各工廠的負責人、空中小姐、音樂家、廣播記者以及報社專欄作家。

5.依興趣的學習使得夏山的氣氛自由、民主而開放，但是有時不免會因爲太自由而錯失最有利的學習關鍵期。

雖然皇家督學的報告書提到他們對自由原則和方法仍存疑，但是這種有意義的教育實驗和研究，頗值得繼續推展，俾利於教育工作者從中觀摩。

二、尼爾對皇家督學報告書的說明

尼爾對以上報告書的內容大致是接受的，不過爲了使其中某些要點更清晰，他做了如下的說明：（註十九）

督學能以快樂、眞誠、均衡發展及合群來評量夏山的教學成果，這一點深爲尼爾所接受。

在夏山儀器設備的損害比他校嚴重，原因是尼爾認爲滿足兒童「羣黨」時期（Gangster period）的破壞，對孩子的情緒宣洩有助益。七十位學生因學費的關係只剩下四十五名。中班的教學不當的確是事實，因爲夏山認爲遊戲比讀書重要，不過他們大

班畢業離校參加牛津大學的入學考試卻也有好成績表現，在夏山中班的孩子功課一時不能達到標準，並不表示將來功課也會落後。尼爾以為在我們生活的周遭，有不少四歲就能背誦米爾頓詩句的聰明孩子，到了二十四歲卻變成醉漢和游手好閒的人。

夏山的教育該不該把學業放在第一？注重學業的教育往往是想把庸才變成秀才。尼爾懷疑學業教育對他們一些老畢業生會有何幫助，他們現在有的已是服裝設計家、美容師、芭蕾舞者、音樂家、護士、工程師和藝術家。要請注意的是此報告書並不為教育部所承認，如果承認的話教師可以領取養老金，家長也可以較容易的從他們本地議會得到教育津貼。不過，教育部從來不與夏山為難，唯一的一次衝突是教育部拒絕進口一位瑞典家長送夏山預先造好的房子，這件事發生在大戰剛剛結束的一年。

歐洲國家對他們的私立學校往往採取高高在上，取決一切的態度，而尼爾常深以為慰，因為他的國家包容他的個人理想，教育部容忍他的各種教學實驗。

從報告書的內容以及尼爾的補充說明，可以更客觀的認識遷往雷斯頓以至皇家督學視導期間的夏山學校。

在皇家督學視導後的幾年，尼爾和安娜因勞累而病倒，一九五三年因感染流行性感冒使尼爾臥病在床一段時間，一九五七年關節炎（arthritis）再度復發。這一病使尼爾的坐骨神經疼痛（sciatica）也隨之而起，幾年的病魔纏身加上夏山財務的窘困，尼爾甚至懷疑自己是否仍有經營夏山的毅力。好在此時，他收到因戰爭而破壞校產的補償費用兩千兩百五十英磅；家長們見尼爾夫婦的窘境與熱忱，紛紛繳清積欠的學費；此外，有一位不願透露姓名的善心人士，因支持夏山教育理念而提供大筆經費的資助

，夏山終於挽回了關門的命運。另一次的危機發生在一九五七年
秋天，教育部規定所有英國的私立學校都必須註冊立案，而地方
督學發現夏山的財務狀況並未達到教育部規定的標準。於是夏山
學生的家長們爲此成立「夏山學會」（Summerhill　Society）
，其目的在籌備基金以改善夏山學校硬體建築與設備，以及提高
教師的待遇。由於地方督學嚴厲要求學校的防火逃生設備、教學
器材以及各種宿舍的環境要求，尼爾在給他一些熱情的老朋友的
信上寫著：假如他們仍堅持文法學校（Grammar　School）的各
種標準來衡量夏山，我已決心斡旋到底。（註廿）

　　一九五九年艾桂斯（H.　Asquith）偕同另兩位視導員來夏
山，此次的訪視還稱友善。一九六〇年夏山的孩子突然由四十四
位減至廿四位，許多兒童前往蘇瑞（Surrey）的新秀烏學校（
New　Sherwood　School）以及像基爾坤尼第書院（Kilquhani-
ty　House）等進步學校就讀。學生驟減的原因是因爲有些父母
考慮到尼爾已年老力衰，（此時尼爾已七十七歲）有些父母則告
訴尼爾倘若他能答應每天早上強迫孩子做些認知的學習，他們願
意再把孩子送回到夏山。不過這些要求顯然違反尼爾當初創立夏
山的原則，在堅持原則卻又經費拮据的情況下，尼爾便遣散他的
園丁、裁減職員，同時賣掉他的汽車。從他給在夏山當過褓姆的
克拉渥斯（M.　Clotworthy）的一封信，信上寫著：「篳路藍縷
的艱辛創業，沒想到竟連一點鼓勵與回饋也沒有，父母也不在意
他們的孩子該不該有自由了」，（註廿一）創校的艱辛之情躍然
紙上。

　　一九六〇尼爾的四本著作在美國出版，即「夏山學校——教
養子女的方法」（Summerhill：　A　Radical　Approach　to

Child-Rearing）、問題兒童（The Problem Child）、問題父母（The Problem Parent）及問題教師（The Problem Teacher），書中多處來自尼爾的好友萊希（W. Reich）以及弗洛依德精神分析理論的影響。弗洛姆深爲「夏山學校」的理念與實踐所動，同時也深信如果父母們閱讀此書一定會重新評估他們教養子女的態度與方法，許多人在閱畢此書後讚嘆「夏山學校」是曠世奇書，因爲這本書改變了他們教養子女的態度，「自由絕非放縱」是此書想要給家長們的教育理念，尼爾希望人們了解「人文教育」的眞精神。（註廿二）

「夏山」一書在美出版的第一年即銷售兩萬四千冊，一九六八年的一年中售出十萬冊，到一九七〇年此書已銷售兩百萬冊，六百所美國大學把此書列爲必讀之書。此後前來夏山參觀訪視及研究的國外人士絡繹不絕，許多父母也來向尼爾請教有關教養子女的方法，夏山的財務此時由於出版稅的收入改善了不少，各地的捐款對夏山的各種設備以及教職員的薪水助益頗大。夏山在美國掀起熱潮除了因爲尼爾的著作出版外，當時傳統學校泯滅人性的塡鴨教育也是一大主因。教育學者高波德（A. Graubard）曾批評當時大部份的美國學校在組織和教學方面有如下的缺失：

1.教室大而不當。

2.教師有絕對的權威，課程枯燥。

3.僵化的班級編制。

4.過分重視紀律與服從。

5.對學生施以不客觀的學習評鑑。

6.學生的學習動機受制於外在的競賽與能力測驗。

因此，如何使學習內容人性化，並給予學習自由的學校，使

在尼爾登高一呼下如雨後春筍般的設立。一九六三年紐約州路易斯——瓦漢斯學校（Lewis-walhams School）、加州夏山農場學校（The Summerhill Ranch School），（註廿三）費城學習中心計劃（The Philadelphia Learning Centers Project）以及亞利桑那州的塔克森學校（Tuc Son Public School in Arizona）等均是。（註廿四）有關夏山學校對美國以及其各國的影響在第八章有專節說明與分析，因此不再贅述。

　　尼爾這種尊重兒童爲本位的教育方式，不僅影響美國及其它世界各國，也影響其本國學校的一切教育理念與措施。（註廿五）一九五〇和一九六〇年間英國一些著名的學校——像牛津郡（Oxfordshire）、哈德佛郡（Hertfordshire）、萊斯特郡（Leicestershire）和約克郡西萊丁（West Riding of Yorkshire）學校，這些執英國牛耳的學校，也都紛紛採取「兒童本位」（Child-Centred）教育方式。這種以人性爲尊、以兒童爲貴的教育方式，正是我們所樂見與期許的。「夏山模式」的成敗不只是尼爾的成敗，也是整個教育往前進步之所繫，因爲尊重人性尊嚴價值、充分發展人類潛能以及自我實現，才是眞正教育的精髓所在。

第二節　夏山學校教育內容分析

　　尼爾所秉持人文主義的教育理想在夏山學校所實施之課程中也充分反映出來。尼爾認爲在知識之外學校應提供學生更重要的情意教育，以及技能方面的訓練。換言之，五育教育的內容應求

其均衡發展，使學生成爲快樂、有思考，而且是人格完整的人。
在德育方面，是透過潛在課程如良好師生與同儕關係的建立，團
體生活知能的遵守以及意識型態的批判來進行。智育上仍正常的
進行語文、數理、社會、藝能等學科的學習，但並不過分強調。
體育方面，則儘量鼓勵學生除了運動知能的訓練方面，尤其重視
運動精神和正確態度的建立。在群育方面，夏山學校非常重視由
自治會及其他社會活動中，培養尊重民主和喜愛自由的素養。美
育則透過音樂、美術、工藝、舞蹈及環境教育的無形影響，使學
生具有美的欣賞與創造的能力。茲就此五方面的教育內容加以評
析：

一、德　育

　　由情感的學習所獲得的態度、價值和信念，與人格發展有著
密切的關係，對道德成長也有直接的影響。尼爾在夏山學校中，
透過情感與人格健全的促進，來完成道德的教育，確實煞費苦心
；同時他提供學生在一自然而不受拘束的環境中學習，避免宗教
和政治的介入。這些反權威，反意識型態的努力，更能符合民主
精神所要求的道德規範。此外教師「教不厭，誨不倦」的教育愛
，也使夏山學生充滿愛的學習，實在是最佳的道德教學。下面就
情感教育、反權威的民主素養以及愛的教育三方面加以說明：

㈠情感教育

　　尼爾在夏山強調情感教育比認知學習更重要的觀點。他藉「
潛在課程」的合理安排使學生在潛移默化之中，逐漸養成良好的
道德規範。尼爾認爲在學校課程或活動中，道德規範的學習之所
以逐漸成爲教條，就是無法使學生在學習情境中，獲得情感的調

適與滿足，尤其道德意識的培養仍以「認知」爲依歸，實在是忽略情意層面對道德發展的積極意義。如果學校課程中若能使學生情意得以適切發洩和得到調節，是有利道德行爲的表現。

(二)反權威的民主素養

夏山學校的學習環境可說是一相當開放性的空間，若就傳統道德教育重秩序、重權威的情境來比較，夏山學校確實顯得較爲散漫。但是就反形式權威或假權威的層面來看，使學生脫離對權威或規範敬畏的心理，或免於不合理的磨鍊，是使學生「成熟」必要的手段。

尼爾在夏山學校爲要使學生有「免於恐懼的自由」，因此極力排斥宗教和政治活動介入校園。此外，對不正確的性別認定或性教育的錯誤執行，他也都極力討撻。換言之，任何政治社會的意識型態，他都希望能儘量排除在教育系統之外，以免使權威過度誤用和濫用，也使學生不必在錯誤的認同中，造成價值混淆，或過度順服權威。

(三)愛的教育

道德教育若能透過適切的人際關係（尤其是師生關係）來達成，將可避免過度形式或教條所產生的缺失。尼爾對道德教育的實施相當注意師生關係中透過「愛」來進行道德與人格教育的工作。他本身與學生們的相處，所建立的不是「尊師重道」的倫理規範，而是能分享他們喜怒哀樂的「長者」或是「老哥」，達到所謂「忘年之交」。

尼爾成功地以愛代替恨，使學生逐漸接受社會和道德的規範，而消除學生們反社會的行爲。除此之外，夏山學校中師生關係的融洽以及透過愛和彼此尊重，（註廿六）確實產生潛在課程積

極的效果。

二、智　育

　　夏山學校的課程設計是以生活爲第一，學習在其次，尤其重
視情意教育的進行，不過它並非不教有關智育方面的學科，就像
一般學校，其正式課程包括語文學科（英文、法文、德文），自
然學科（生態學、科學、生物、數學）、社會學科（歷史、地理
）和藝能學科（木工、金屬工、陶器、手工、美術、音樂、舞蹈
）。（註廿七）茲就這些學科課程的安排與實施分析如下：

　　夏山學校有關智育的活動，大都以最基本和較實用的知能爲
主，尼爾認爲知性的教育主要的是培養其學習的興趣和方法，而
不是「百科全書」或者過度形式化的知識。他曾激烈地批判傳統
過度重視智育的缺失：（註廿八）父母不能了解學校裡書本並非
最重要的道理，小孩和大人一樣只學得會他們喜歡學的東西。所
有的獎品、分數、考試都會妨礙孩子正常性格的發展，只有書呆
子才主張唯一的教育是從書本上得來。書本是學校中最不重要的
一部分，所有學生需要的只是基本讀物就夠了，其餘應該有的是
工具、泥巴、運動和戲劇、圖畫和自由。對大多數的青少年學生
而言，學校課程只不過是在浪費時間、精力和耐力，剝奪孩子們
玩要的權利和造出一批「小老頭」來。

　　他同時也指出如果只想灌輸兒童知識的內容，而不注意學習
興趣的激發與培養是不智的。因爲當學習者對知識產生興趣之後
，他便會自動自發甚或廢寢忘食的學習。他認爲學生應該學數學
、歷史、地理、科學、藝術和文學，但必須先引發他的動機。當
一位學生喜歡花卉和園藝後，他便會投入植物（或病蟲害）、水

土研究、美勞……多方面學科的學習。換言之，如果要發揮知識學習的效果，首在學習興趣的激發，然後才是內容的學習。

就學科教學而言，從教師參考的課表（註廿九）可了解：夏山學校對語言學科相當重視，十二歲以上學生幾乎每天都有英語課，另外法文、德文亦列入正式課程，就教學總時數而言，語文學科約占了五分之二。其次數學及生物（或生態學）亦相當重視，不過就其教學內容而言，與實際生活有關或實用者為教學重點，理科教學也相當重視實驗與校外教學參觀。至於較呆板的書本知識，或違反自然的學習設計都不太有興趣，據坂元良江六年的觀察，夏山學校雖設有「溫室」（原為上生物課而建），但其中雜草叢生，這並非不整理，而是希望教學投入大自然（註卅），由此可見以最自然的方式來進行自然科教學確是一大特色。

皇家督學的報告中指出夏山學校在課程上的特色相當有彈性，以有趣的學習內容吸引學生的學習，不僅自然學科如此，即使語文學科也儘量生動活潑，最主要的，教師的教學相當具有啟發性，對學生創造力的激發有相當的助益。（註卅一）簡言之，夏山學校透過智育所實施的課程雖不如情感教育那樣具有特色，但事實上，它並未忽略知性發展的重要。

三、體　育

夏山學校非常重視學生的各種活動，尤其是體育課。學生們也喜歡體育活動，不過夏山的體育並不在於技能的訓練或比賽而運動，而是強調「運動精神」（Sportmanship）的培養。尼爾認為體育的目的是在強身，並使學生生活愉快，而非在競技奪標，在體育活動中應注重過程的趣味性和多樣性，且真正符合每個

人的需要，茲就這些要點略述如下：

(一)體育抑或競技

　　夏山學校體育活動，是在符合興趣和自願的情形下進行，其目的除了使身心平衡發展之外，是在於運動精神的培養。根據皇家督學報告書所提到的事實：「體育亦依該校宗旨而行，夏山無強迫性之遊戲與運動。足球、板球與網球極受歡迎，督學視察時適逢與鄰鎮學校作板球賽，因對方最好球員因病缺席，夏山亦臨時決定不調派最好球手出場比賽，以示公平。」（註卅二）這種坦蕩蕩的態度，就是運動精神的最佳寫照。至於比賽雖也是體育重要的活動，但夏山學校對競技的興趣並不高，他們仍以運動過程中能充分享受樂趣為目的，至於獲勝與否，倒反而在其次。同時也不應把運動健將捧成英雄，體育應是「全民」而「普遍」的，並不是在製造運動明星，以及受功利主義污染的商業行為。

(二)體育實施的內容與方法

　　夏山學校的體育就內容而言，可說相當多樣，在低年級遊戲是主要活動，其他則有淺水池、砂坑、曉曉板和秋千；而中、高年級則有戶外、室內的活動，前者有游泳、網球、板球、定球、水球、騎腳踏車；後者則有乒乓、牌戲、舞蹈等。遊戲在夏山學校是重要的學習活動（尤其在低年級），尼爾認為兒童的世界是個充滿遊戲的世界，遊戲對兒童來說是一種工作、是一種學習，它充滿著幻想性、趣味性和造性。

　　尼爾亦批評學校和家庭如果忽略提供兒童更多遊戲的時間以及更主動的方式接近遊戲，都是一種畸形的教育，他說：（註卅三）「那些已忘掉自己童年時期希望要些什麼的父母——忘掉怎樣遊戲或幻想的父母——是很差勁的父母。當一個小孩子沒有能

力去遊戲時，他的心已死去，這對於任何接近他的孩子都是危險
的。」

我們常聽父母責罵孩子終日嬉戲無所用心的話語，也常以「業
精於勤，荒於嬉」的古訓來耳提面命孩子，以為勤有百功而戲無
一益，但尼爾的批判——「愛遊戲的孩子不會變壞。」這句話是
值得深思的。

至於其他體育活動，無論是球類、游泳或是騎腳踏車，教師
除了一些基本技能的說明和指導之外，大都任由學生選擇和練習
。尼爾甚至主張，運動根本不必要教練，假如夏山教師催促孩子
們：「快點，快上操場來」，那麼運動在夏山就失去了它的意義
。簡言之，夏山學校的體育活動，就內容而言，是配合學生的興
趣，具有多樣的選擇；在實施的方式上，則是一種非組織式、非
教練式或非競爭性的活動。

(三)體育的其他功能

體育目的雖在鍛鍊身心健康以及興趣的激發，但從體育中亦
可培養出良好的團隊精神，以及道德的培養。尼爾指出大多數學
校裡運動是強迫性的，甚至看比賽也是強迫性的。但在夏山，遊
戲和功課一樣，都是自願的。（註卅四）這種被迫性的活動，即
使勉強遵守規範，在活動過程中可能充滿怨恨或蕭殺之氣。這在
比賽競技中就可看出這種欲置對方於「必敗」之地不可。如此一
來體育已失去了原初的目的，變成了不滿情緒宣洩的場所。當今
許多體育比賽（如英國足球賽）演變成衝突、互毆，實在就是充
滿怨恨不平所致。尼爾認為若能使學生主動且以興趣為主的體育
，從中就較可能培養出良好的團體規範——彼此尊重。即使競爭
，也是在公平合理之下的「君子之爭」，這種群性的發展，就較

能去除以自己的快樂建築在別人痛苦之上的狹隘心理。他曾舉例說明學校敎育和軍隊都存在著紀律，但後者以恐懼來控制，前者卻讓人人分享和諧、融洽的氣氛。（註卅五）因此，不論是球類活動或是遊戲，能在樂趣和彼此尊重的氣氛中，也具有「積極性群育」的功能。

四、群　育

在夏山學校，群育的實施是整個敎育活動的重要部分，它將敎學活動與各種集會活動密切配合。實施的方式是先以群性陶冶，次及自我了解，終於統整學習，發展平衡及健全的人格。一方面陶冶學習者的群性，一方面發展學習者的個性，充分發揮個人特殊才能，使能盡一己之才服務社會，且與社會人群和諧相處，互助合作。

夏山群育的實施中，以「自治活動」最具特色。（註卅六）自治活動是透過學生自動自發，養成其獨立自主的精神、與人合作的態度，經由實踐活動發展個性與群性行爲的一種活動。學生從其間可以培養領導才能、養成自制自律的團體意識、學得尊重別人與接納別人的社會行爲，以及建立團體的規範。以下分別就夏山學校在這幾方面的措施加以說明：

(一)自制自律的團體意識

夏山是以民主方式實施學生自治的學校，一切有關團體生活，包括妨害團體的犯過者，都由自治會投票處理。每一位「夏山人」都只有一票的權利，任何人都沒有「否決權」，凡是經過大會表決通過的議決，每個人都得遵守。

自治活動是由學生自己管理自己，這種方式往往可以激發學

生以團體爲榮、對團體產生責任感、喜歡參與團體的事物以及體
驗互惠的合作關係，團體意識也因此而產生，群性的培養也因此
而建立。

　　在團體形成的過程中，規範經標準化而成爲團體的共同屬性
，規範一旦形成，便成爲團體成員行動、願望、努力的參考尺度
。（註卅七）這種由團體的協定以引導團體成員的心理歷程，包
括知覺、認知、評價及行爲四方面。夏山的自治活動便是因爲這
樣人際關係的互動而與團體漸趨一致的。

　(二)尊重與接納別人

　　夏山的自治會以及其它種種的學習與遊戲活動，都在協助孩
子學得如何與各種人共同生活，以及解決他們身邊所發生的問題
。他們學得如何尊重別人的感受與接納別人的觀點，尤其重要的
是學會如何不受別人的威迫利誘。

　　對於他們所面臨的問題，夏山的孩子會以圓熟和相互理解的
態度來處理；當然夏山的孩子們也有不能解決以及處理的事情，
然而處在這樣一個朝氣蓬勃的團體，他們總是盡力修正與調適不
公平、不正當的權利，而大部分的問題他們也都能在公開的場合
，把它們順利而圓滿的解決。例如，有一次的自治會討論同學們
在防火梯遊戲、奪門而出、玩火、丟擲蘋果、吃飯時發出雜聲、
順手拿別人的東西不還、沒有隨手關燈、借錢不還以及吵鬧干擾
別人等事，這些看似瑣碎雜事，卻經常發生在孩子們的周遭，經
由自治會孩子們的討論與執行大都能圓滿而徹底的做到。尼爾對
夏山學校的自治會曾驕傲的說：自治會是夏山學校之所以能使師
生享有充分自由而不紊亂之所在。（註卅八）

㈢團體規範

自治會分成三個部分：議事、議程、會議。首先朗讀議事的報告；這個報告是同學們在聚會之前草擬的，凡是同學們的牢騷、抱怨、不滿或渴望得到的東西，都可以提出於議事之中。舉例來說：假如一孩子在週五被罰錢或罰做其他事情，他認爲心有不服，便可以在週六自治會訴願。在議程中，學生們可以提出在這一週裏的重要建議，並且向自治會秘書處登記他們的名字，這樣他們就有可以發言的優先權，自治會通常在晚上七點開始，八點半結束。會議的規定頗爲嚴格他們往往在一週或兩週內，還會提出討論，而且通常還會加以改變。大部分的時間，他們所處理的事情都是頗富建設性，很少是關於個人利害的問題。每個問題在決議前，都會被仔細的討論，六、七歲孩子們也會毫無畏懼的站起來說明事情的原委，因爲在夏山學校不論年齡的大小每人都一律平等。

夏山學校透過各種自治活動培養學生的群育，這種表現在各方面的考評已獲得嘉譽。由於尼爾相當重視此種精神與能力的養成，所以在舞蹈、音樂、運動、遊戲、討論、演戲活動，甚至各種智育的教學活動中，有時常有群育的涵養與教學，不過由於它們均以輔學習爲主，而且在相關章節均加以敘述，因此不再在此說明。整個夏山的教學內容，是奠基在德、群教育之上，尼爾以爲情意的發展與適應影響人的一生，明白這一點就可以瞭解夏山學校爲何如此重視群育教育了。

五、美　育

尼爾對美育也非常重視，夏山學校所實施的美育，可說是尼

爾自然主義精神的反映，同時它也與情意教育密不可分。從正式課程來說，夏山學校的音樂、美術、工藝、舞蹈課程充滿著創造、鑑賞而且生趣盎然。若就潛在課程來解析，夏山學校環境所表現出自然、自由和開放的氣氛，對美育的實施，可說形成一非常有利的學習環境。

　　尼爾對音樂、美術和舞蹈的看法，並不將其視爲單獨的教材，或把教材看作是教學的重心。事實上，夏山所實施的美育，仍是建立在使學生感到自由而愉快的基礎上，並盡情的享受美的饗宴和創造的樂趣。更重要的是這些課程之間經常是相互關聯的，使學習成爲多種經驗的整合，這正符合尼爾人文主義——將學生視爲完整的個體，而學習也在於整體經驗的提供。甚至於它與情意教育有著密切的關係，例如：他批評從英國人的舞蹈可看出他們對感情和自由創造的畏懼，而舞蹈則是一種潛意識「性」的發洩，所以良好的美育，對情感的宣洩、平衡具有積極的作用。茲就這些美育的實施略述如下：

　　㈠音　樂

　　尼爾很喜歡音樂，而夏山的學生也不例外，不過在夏山所實施的音樂教育是相當具有彈性且有充分自由來選擇自己所喜歡的音樂。尼爾說：「孩子應該爲他們自己的興趣去探索，不應該告訴他們說貝多芬比伊利頓好……孩子們在成長的過程中實在不應該也不適宜承受這些負擔。」

　　尼爾對音樂也有一重要的主張，他以爲精緻文化（如貝多芬、華格納等人的古典音樂）與大眾文化（如貓王的搖滾），並不衝突。甚至於認爲音樂教育也不該完全以精緻文化爲主。他說：「事實上一個人喜歡貝多芬或爵士樂，對他一生幸福並不重要，

學校如果不介紹貝多芬而把爵士音樂放在課程內施教，也許會更
有教育效果」。（註卅九）他也提到夏山學校中曾經有三個男生
，受爵士樂隊的感動而學起樂器來，離開夏山以後，他們到倫敦
皇家音樂學院深造，現在反而成了交響樂團演奏古典樂曲的團員
，此意味著他們對音樂的興趣是來自「大眾文化」的成品，而逐
漸走向「精緻文化」，而這就是因為他們在夏山有充分的自由去
聽巴哈、貓王或其他作曲家的緣故。

　㈡舞　蹈

　　尼爾認為舞蹈並不只是一種姿態、韻律的優雅，屬於美的欣
賞或創作而已，最重要的它也是一種情意的發洩——「性」的解
放。（註四十）人在現實生活的壓抑，可以在此肢體和律動之間
，得到抒解和感到愉快。或者說在現實或幻想（所構建的世界）
之間，使生活得到新的平衡點和繼續生活的動力。無論是芭蕾舞
、交際舞或現代舞，都有其功能和存在的價值。他曾舉例說明夏
山學校將芭蕾舞劇，配合爵士樂改編為現代舞台劇相當成功。舞
蹈正如音樂一樣，無所謂古典或現代，精緻或通俗，共創作、表
現和鑑賞都是一種美的饗宴，也是情意的調適與平衡。

　　夏山在舞蹈活動方面，常常配合各種不同的活動，如宴會、
音樂會，因此它顯得多采多姿，這也就是尼爾所強調的整體生活
經驗的學習才是教學主要目標。傳統教學的缺失，就是太過於本
位主義，使得學習成為支離破碎的活動，這種「見樹不見林」的
弊病，在夏山學校是不易見到的。因此音樂、美術、舞蹈的課程
相互溝通、結合，對學習確實可以達到事半功倍的效果。

　㈢美術與工藝

　　夏山學校美術課可說相當有彈性，只要學生有興趣想學，都

可以與美術教師安排時間學習，無論是素描、水彩、油畫或現代抽象都可以。不過它不作美術史似的系統教學，充分因應學生的興趣，因而無固定的主題或流派。不過其中最具特色的是術課，常配合舞台劇或其他戲劇的演出，無論是舞台設計——像服裝、燈光、背景設計等都相當出色。

　　在工藝方面，則以陶藝課最受學生喜愛，其他如模型製作、木工、金工……也都配合學生興趣來安排。尼爾對陶藝的價值相當肯定，甚至可推論出：「玩泥巴的孩子不會變壞」。陶藝中不僅是一種秩序和諧的呈現，更富有生命的氣息，人從其中似乎有著一種回顧自然的喜悅，無怪乎尼爾對陶藝情有所鍾，而夏山學生也如此喜愛此種活動。在工藝教室、博物室及教室周遭常可看到學生們的這些製作，就是明證。

四學習環境與美育

　　狹義的潛在課程，是指學校學習環境中所產生的一種非預期的經驗，一般所謂的「境教」即與潛在課程有關。像學校中的建築物、設備、景觀和空間的佈置，都具有潛在課程的效果。（註四十一）夏山學校不僅在物質的環境（如校舍、設備）與其他學校不同，即使在社會環境（如師生關係、同儕關係）以及文化環境（如愛的教育觀）都使學生產生一種「潛移默化」的作用，其中對美育的學習也有相當程度的影響。

　　夏山學校若就建築的形式來說並不雄偉，但它那種特別溫馨的感覺，就如同尼爾所強調的人文主義精神一樣，是徹底為適應學生而存在，而非讓學生來遷就學校的設置。在空間的安排方面，夏山顯得相當寬闊，視界一覽無遺，有種令人舒坦的感覺。再加上林木繁疏、綠意盎然，確實有些純樸的美感。

在人際關係方面，無論是師生間或同儕間，那種彼此尊重、坦然相對的開放胸襟，已使人與人之間的摩擦和衝突減低到最少的程度，無怪乎施尼采（H. Snitzer）在「夏山學校生活」或是坂元良江的「世界最自由的學校」都提到他們與夏山學生的相處，簡直就是一種美好的感受。（註四十二）

至於夏山學校中，對多元價值的肯定與尊重，更使得每個人在創作的過程，充分享有自由，因此他們在藝術或工藝方面都卓然有成，無論是雕刻、戲劇、美術或音樂方面，他們都感謝夏山能給予開放空間任其發展和創作。

總之，夏山學校的課程實施，確實反映出尼爾人文主義的精神，在自然而自由的氣氛中，以學生興趣為重心，充分的使學生身心得以健全發展，培養統整的人格，以及學習得更愉快。在五育均衡發展的要求下，雖然智育並非主體，但使學生能獲得統整和實用的經驗，尤其情意教育更使學生獲益匪淺。夏山學校在正式課程之外，合理安排的潛在課程（例如：開放而自由的學習環境、良好的師生關係以及免除特殊意識型態的污染）也發揮了相當積極的功能。

附　註

註一：A. S. Neill, Summerhill: A Radical Approach to Child Rearing, N. Y.: Hart, 1960, p.85.

註二：Neill, op. cit., 1960, p.4.

註三：鄭石岩，心分析與教育，台北，遠流出版社，民七十三，頁一二七。

註四：R. L. Hopkins, "Freedom and Education： The Philosophy of Summerhill", Educational Theory, 26 (20), 1976, p.189.

註五：Neill, op. cit., 1960, p.24.

註六：Ibid., p.25.

註七：A. S. Neill, Hearts Not Heads in The School, Herbert Jenkins, 1945, p.62.

註八：A. Montagu, Summerhill：For and Against, N. Y.： Harper & Row, 1970, p.51.

註九：王克難，夏山學校，台北，遠流出版社，民七十三，頁一。

註十：坂元良江，世界でいちばん自由な學校サマ・ヒル・スクールとの 6 年間，人文書院，一九八四，頁一。

註十一：Neill, op. cit., 1960, p.85.

註十二：陳伯璋・盧美貴，夏山學校生活，台北：原學社，民七十五，頁五十三。

註十三：A. S. Neill, Neill！Neill‼ Orange Peel！： A Personal View of 90 Years, by The Founder of Summerhill School, Weidnfeld & Nicolson, 1972. p.151.

註十四：Ibid., p.158.

註十五：Ibid.

註十六：J. Croall, Neill of Summerhill The Permanent Rebel, London：RKP, 1983, p.34.

註十七：Neill, op. cit., 1960, p.75.

註十八：Ibid.

註十九：Ibid.

註廿：Croall, op. cit., 1983, p.343.

註廿一：Idid, p.344.

註廿二：Idid, p.353.

註廿三：A Graubard, " A Free School Movement, " Harvard Review, 42(3), 1972. p.352.

註廿四：H. A. Allen, The Open Classroom: Elements for Successful Implementation in American School, Peabody Journal of Education, (1), 1975, p.100.

註廿五：W. E. Broderick, "A Tribute to A. S. Neill," Phi-Delta Kappan, (6), 1974, p.685.

註廿六：Neill, op. cit. 1960, p.304.

註廿七：同註十，頁一二〇。

註廿八：陳伯璋・盧美貴，尼爾與夏山學校，台北，遠流出版社，民七十六，一六二。

註廿九：同註廿七。

註卅：同前註，頁七十四。

註卅一：王克難，夏山學校，台北，遠流出版社，民七十三，頁五十六頁。

註卅二：同前註，頁五十八。

註卅三：Neill, op. cit, p.74.

註卅四：同註卅一，頁五十三。

註卅五：同註廿八，頁七十九。

註卅六：H. Snitzer, Living at Summerhill, N. Y.: Collier,

1968, p.110.

註卅七：黃政傑，團體歷程理論及其在教學上的應用，師大教育
　　　　研究所碩士論文，民六十六，頁廿六。

註卅八：同註十，頁四十一。

註卅九：同註卅一，頁五十三。

註四十：同前註，頁五十二。

註四十一：盧美貴，夏山學校「潛在課程」分析——對國內兒童
　　　　　教育的啓示，台北市立師院，國際兒童教育學術研討
　　　　　會論文，民七十七，頁廿二。

註四十二：同註十，頁十二。

第四章　夏山學校對我國開放式幼兒活動設計之啟示

　　夏山學校的建立是基於對傳統教育的批判，不過從其教育理念及有關的教育措施來看，卻充分表現出對自然主義及人文主義精神的認同。不論其理想或實踐，都對各國新教育的促進有著某些程度的影響。不過這種「寡國小民」似的教育，是否能適用於其他的社會情境，尤其是幼兒教育方面應用的適切性，卻也是熱心教育改革者所共同關注的，尤其我國的國情及其他社經、政治背景有異於英國。因此，本章乃就夏山教育對我國幼兒教育的啓示，分別從課程與教材、教學方法與評量以及輔導活動等方面加以解析。

第一節　課程與教材

　　教學影響因素的探究一向為教育工作者所重視。近世以來研究的重點大都在心理的層面，研究的典範則以科學實證主義的方法與程序為主。然而近三、四十年來，社會學的角度逐漸被重視

，例如：在社會化的過程中，學生如何在學校體制中有效的完成其社會角色的學習，又如：影響學生學業成就的社會因素，如社經背景、學校分班（組）、學生次級文化、師生關係的分析都是這方面的研究。

潛在課程（Hidden curriculum）就是在此研究風潮推動下，逐漸形成的新研究領域。由於課程與教學向來關係密切，所以學校課程的類型、內容或結構上的差異，往往會影響到教學方法和教學評量的實施。夏山是一所重視態度、理想、興趣和情感等潛在課程的學校，無論是物質的環境（如學校建築、設備）、社會環境（如：師生關係、同儕互動、班級制度、獎懲辦法）或文化環境（如學校或班級文化、儀式活動－升旗、週會、班會）的設計，都深被看重。而這種「有意的」或「無意的」潛移默化的境教或身教，對好奇心與模仿力正強烈的幼兒，影響更是深遠，因此，本節擬就此方面加以說明其啓示。其次，夏山學校的師生們非常重視戲劇、遊戲等寓教於樂的學習教材與方法，尤其是透過擬情式的角色扮演。福祿貝爾（F. Froebel）把幼兒遊戲室譯爲一種「自發性的自我教育」（Spontaneous self-instruction），如何從夏山成功的「角色扮演」的實施以及多采多姿的遊戲活動設計中，讓幼兒在學習的過程中充滿幻想、趣味性以及創造性，也是本節要加以探討的。

一、潛在課程方面

夏山沒有校門，也沒有圍牆，到處是林蔭小道，而且花木扶疏。皇家督學評此地自然天成，不假雕琢，令人有尋幽訪勝之感。由於沒有深鎖的門牆，學生很容易與社區打成一片。（註一）

反觀國內各類學校，校門不斷換新，也愈建愈堂皇。但是其反映的政治意味及權威導向的意識型態是相當明顯的，似乎認為校門愈大，學校也就發展愈好；而圍牆建造不僅所費不貲，更是將學生圈住在特定的學習場所之中，與社區隔離，甚至意味著學校所學的是一套，而離開校門後又是另一套。

夏山的校舍並不雄偉，設備也極為簡陋，有些教室（如工藝教室）甚至都可以列為「危險」教室。運動場不大，（也許學生太容易將學校之外的地方當作大操場），而且雜草叢生（依校長說，不是請不起工人剪修，而是讓它自然發展更符合尼爾的自然主義觀），運動器材也並不太多（有一簡單的籃球架和鞦韆），誠如左綺校長說：學生有太多的遊戲和運動方式（如騎腳踏車、爬樹），而且太多人工化的器材，反而限定了兒童創造力的發展。尼爾也說在夏山根本不需要健身房，因為夏山就是一個可鍛鍊身體，並使心靈豐潤愉快的場所。（註二）這就像一個人若要強身而運動，並不須要開半個小時的車子到運動場去運動一樣。也許人類應該了解如果不斷地改善運動的工具（如比賽撐竿跳，用彈性最佳，不易折斷的竿子）或是運動設施（如田徑跑道改舖為塑膠跑道），即使如此而使得成績不斷提升，但這絕非運動的本意。就像遊戲一樣，如果有著太多精巧的人工成品，這種遊戲的意義可能喪失殆盡，而為這些器物所制。

夏山的物質條件（包括校舍、建築和設備）並不富足。但很明顯的，它是反映出一種簡樸、不矯飾，處處考慮到合乎學生的本質，不太過於人工化，可說是一種具有開放性、合乎自然主義理念的空間設計。

狹義的潛在課程，是指在學校學習環境中產生或學習到一些

意想不到的結果或經驗。因此從物質的環境而言，夏山學校的環境開放、自由、簡樸的精神，表現在學校的物質環境學習經驗，當然對學生知、情、意的學習都有相當的影響。

　　由此看來，夏山學校的環境是以「人」爲中心，處處表現合乎自然的精神，強調開放空間的安排，使人能自由而快樂的學習。學習環境的潛移默化，使夏山的學生表現出開朗、活潑與親切的特質，這確實是「境敎」之功。在人際關係方面，夏山學校師生間的關係，可說是在亦師亦友的情境下，彼此尊重、互諒、互信，充分流露出敎育愛，對學生人格發展確實有很大的影響。在同儕間，相親相愛較少衝突，形成與夏山辦學精神相符的次級文化，這對敎育目標的實現是有正面的意義。在意識型態批判方面，尼爾對宗敎、政治及性方面的批判，採取較自由而開放的態度，可使學生免於意識型態的污染或誤導，這使得敎育不會變成「反敎育」，使敎學不成爲灌輸或洗腦，確實也有著積極的功能。因此，我國學校環境的改善——無論是學校建築、設備或有關空間的設計，如果能在精密的實驗器材、充實的圖書設備以及宏偉的校舍之外，再考慮學生的需要與境敎的功能，相信我們的校園一定是個生動活潑而且具有高效率的學習場所。

　　幼兒學習環境的布置（尤其是學習區的安排），雖不若學校大環境般的複雜，但其是否提供一個開放的空間，學習材料與設備能否適時方便的爲幼兒所取得與操作；師生互動是否溫馨而愉快，同儕團體間是否很少爭執與衝突等，這些都是課程學習的成功因素。哈姆斯（T.　Harms）曾在「規劃一個有助幼兒學習的環境」一文中，（註三）對環境的重要有如此的說明：

　　敎室是會說話的，幼兒生活的環境裡所呈現的一切事物，甚

至連空間安排都傳達給幼兒某些信息，使幼兒知道如何生活其間，如果各樣物件都完整無缺的陳列在開放式的櫥架上，幼兒便會自行取用並懂得愛惜，使用完畢也知道放回原處，如果架上雜亂堆放各種材料，玩具又都殘缺不全，放置材料或玩具的櫥櫃又都關得緊緊的，老師可以想想這等於告訴幼兒一些什麼訊息？

　如果分配給幼兒的材料或玩具足夠幼兒使用，幼兒就不會彼此爭奪，如果經常變換使用不同的材料，幼兒便會覺得幼稚園充滿挑戰刺激，如果材料玩具都完備整潔，他們便知好好的保管材料或玩具，如果一切材料玩具皆精美典雅，他們無形中也培養了高尙的品味，當幼兒常接觸到代表不同種族文化的材料，他們就能了解每個人在本質上是平等的而且每個人都有其自我價值。

　舉凡物理環境中精心設計的一切大小事物對幼稚園的整個環境都具有極大的影響，正如幼兒不僅只有身體，環境也不只是一切有形的看得見物件之總和，它包含早晨老師迎接幼兒時臉上溫馨的笑容，老師對每位幼兒的關切照顧，它包含了牆壁上的彩色、角落放置的搖椅，及窗台上盛開的盆栽。總之，一個精心計畫妥善安排的環境傳達的不只是美，它還使幼兒感受被愛護與關懷。（註四）　我們從夏山學校那種自由、開放與活潑的校園情境，從教師重視「人師」的積極角色以及提供孩子們安全沒有過多焦慮與挫折的課程學習來看，國內幼兒教育的活動設計確實有值得省思之處。

二、遊戲活動設計

　遊戲具有自發性、自由性、娛樂性、非現實性以及創造性的功能。（註五）從心理學上的多項證明，兒童在沒有壓力、沒有

目的性的情況下遊戲，是爲貯備未來生存世界的應變能力。兒童之需要遊戲，正如同成人需要娛樂和休假，來滌清舊我、創造新我一般。遊戲可以促進兒童的身心健康、助長社會化的學習、培養語言表達及人際溝通的能力、提昇智力的發展、訓練感官能力的協調發展以及啓發創造能力。（註六）尼爾了解在遊戲中兒童會孕育其未來創造思考力與解決問題的能力，所以夏山的師生彼此尊重，學生自治情形良好，學習態度也很認眞。

　　夏山學校整個學習活動非常強調遊戲的重要性，尼爾甚至說「夏山是一個遊戲至上的學校」，（註七）尤其是非現實性的想像遊戲。成人應該承認而接受兒童時代是遊戲時代的看法，可是一般人卻忽視它，以爲遊戲只是在浪費時間而已。因此，我們往往把小孩訓練成「小大人」。尼爾以爲這種教育方式無異是揠苗助長，讓兒童盡情遊戲正可彌補此憾。

　　一般幼兒的遊戲發展，大都包含「探索－模仿－試驗－構建」的四個基本模式，出生三個月後的嬰兒喜歡檢視探索他所接觸的東西，這種以感官爲主的感覺動作遊戲，一直持續到兩歲左右。到了以物爲戲的階段，兒童開始進入幻想、模仿、趣味以及建構性操弄與創作。過了兩歲以後的幼兒，會積極的展開簡單的積木的堆築、穿珠遊戲、沙石、編工、摺紙以及複雜積木的堆築與建構。隨年齡的增長，幼兒慢慢的從社會技巧的獲得發展到角色的認同。

　　幼兒遊戲是傳遞文化的一種方式，我們可以從一些幼兒的基本遊戲裏看出，跳房子、堆沙包、官兵捉強盜、老鷹捉小雞以及許多耳熟能詳的童謠，幾乎都是從上一代傳給下一代的遊戲。遊戲是有選擇性的將過去的儀式、習慣與禁忌附加在現在的行爲上

，成爲將來幼兒行爲的基礎。

　　科學家們也強調遊戲是兒童學習社會人的不二法門，這是因爲學習社會化必須要有機會和同伴們接觸，而這種接觸主要是在遊戲的交互活動中，所以遊戲視爲幼兒社會化的一種重要工具。晚近父母、敎師以及大衆傳播媒介的工作者，更是了解遊戲的價值，他們強調社區環境中玩伴的重要性；在運動、戲劇、唱歌及藝術的課程設計中，大都透過遊戲來進行敎學活動。

　　我們無法將概念直接敎給孩子並期望這些概念自動地成爲孩子的一部分。孩子可能會接受我們所提供的事物，但唯有透過自己認知系統的組合才能眞正的獲得成長。對幼兒而言，遊戲是他們統整和成長的最有效途徑。夏山的大孩子，都還須從遊戲中學習，何況正值皮亞傑（ J. Piaget ）所言「運思準備期」　（ Pre-operational　period ），一切尙須以具體實物、親自操作及體驗方式做學習的幼兒。以「遊戲活動」做爲課程學習重心的夏山學校，的確給我國幼兒活動設計不少的啓示。

三、角色扮演

　　尼爾認爲演戲是敎育上很重要的一部分，在夏山演戲要有一種把自己和別人合而爲一的能力，同時演戲時的情境是絕對的開放，孩子們可以自由自在的扮演各種活動，不用害怕會被取笑，當有創新花招或奇想時，孩子們總是狂歡喝采、捧腹大笑。

　　尼爾認爲：角色是動態的，透過戲劇情境的扮演，不僅可以發展個人的創造性（ creativity ）與自發性（ spontaneity ），同時也可以使自己的行爲更富彈性與多元化，這種個人試著設身處地去扮演另一個實在生活情境中不屬於自己角色的行動過程，可

以使學生習得社會學習技巧，在團體輔導上這種角色扮演比傳統精神分析學派自由聯想（Free Association）只是「沙發和椅子」（the coach and chair），坐而言不能起而行的治療方法，其功效要大得多。

　　社會劇的情境就是學習扮演的機會，透過扮演個人可以嘗試另一種生活方式及行為模式，藉角色可以了解人格、改變人格、強化人格以及增進處理生活問題的能力。這種訴諸行動、經由故事和劇情的設計，呈現問題情境，讓受教者設身處地試行扮演劇中人物的角色、嘗試各種可能的行為反應，探討不同抉擇的行為後果，以及透過團體討論了解整個情境的學習方式，比傳統「說教」的道德教學或生活輔導，容易讓學生掌握道德觀念與社會價值，夏山學校非常重視這種活動。（註八）

　　就夏山學生的角色扮演活動而言，尼爾提供了一個完全開放的情境給孩子們，透過角色扮演培養孩子創造力的發展並協助學生認定角色，擴充其角色並學習其角色而成為一個「社會人」。大致說來，夏山的角色扮演給教育活動提供一個有意義的啟示。這種訴諸行動的教育方法，不僅坐而言而且起而行，把握了真實經驗的學習，而且給孩子一個生動活潑而且充實的教育內容。傳統的道德教學或生活輔導，偏重在說理與說教的方式，這種枯燥而呆板的單向聽訓，其成效往往事倍功半甚至不能發生指導的作用。角色扮演就是要透過故事或劇情的設計，呈現問題，讓受教者設身處地試行扮演劇中人或故事人物的角色，透過各種可能的行為反應，探討各種不同抉擇所產生的行為結果，再經由團體討論，俾使對整個情境能深入了解而確實把握社會價值與道德觀念。（註九）

　　總之，角色扮演在教學上具有多元價值，它可以幫助學生了解行爲的本質減輕學生的心理壓力，澄清了人價值觀念、發展同理心（Empathy），以及促進班級感情交流等功用。學校倘能善用此種方式於教學之中，相信可以將學生的心理適應以及人際關係所引發的問題減至最少。

　　我國兒童戲劇表演，一向以成人爲本位，偏重道德敎化，並以彩排演出及參加競賽爲目標。而父母或教師對孩子的管教方式也偏重高高在上的「權威」與「命令」。其實，站在兒童心理健康的教育立場來看，我們不怕兒童在成長的過程中有反常或不平衡的行爲傾向，只怕他們的行爲沒有表現力、隱藏的感情沒有出口、不滿足的慾望無法給予補償。兒童戲劇教育的革新，在英國已有相當的歷史，即所謂「戲劇教育和戲劇表演」(Drama-education and play-acting）的教法，但影響整個青少年及兒童戲劇教育的方法，則是來自美國的「應用行爲科學」（Applied Behavioral Science）。社會學家感興趣的是「團體行爲」（Group-behavior）、「團體動力學」（Group-dynamic）、「團體互動」（Group-interaction）和「行爲過程」(Action-process）的問題，其理論漸爲青少年的教育機構應用，利用「角色理論」（Role-theory）來觀測及解釋人類社會行爲的反應。

　　幼兒在「娃娃家」忘我的天地裡，自言自語或與玩伴對話，這種「辦家家酒」的行爲，就是一種戲劇的表現。如何揚棄從前過多成人的完美要求與耳提面命的劇本與肢體表達方式，讓幼兒也有創作的戲劇活動，在愉快的氣氛中學習自制、自主、自尊、尊人，以及不再兢兢業業的，敢於表達自己的願望與行爲模仿，那麼幼兒的生活裡會有更多內在意志與外在壓力的調適，適應未

來生活的能力也會增強，我們從夏山孩子的自信、自重，以及做自己生命主人的表現來看，角色扮演在幼稚園有頗值得推動的優點。

第二節　教學方法與評量

　　尼爾認為教育的目的，亦即生命的目的，是愉快的工作和發現快樂；僅注意知性的教育是不夠的，教育應該包括知性和感性，注意兒童個別的需要以培養一個具有完美人格的個人（A. S. Neill，1960，p.5），這種認識人的價值，並促進其自我實現的教育目標即為人本主義教育思想的鵠的，人文主義的教育目的在使人認識人性的價值、人生之真理，教育目標在完成人的價值。何欽斯（R. M. Hutchins）亦謂：「教育在轉識為智，由此發揚人性，其目的是人格而非人力。」夏山給予學生充分的自由即表示其將受教者，視為能思考、有感情、能行動、有目的指向，且具有人性的統整個人，教育的目的在不斷的開展其內在潛能，不斷的充實自己，完成人格健全且自我實現的人。

　　在這樣教育理念的引導下，其教室的管理以學生是否指向有意義學習為原則，因此學生可以在不妨害他人學習的前提下自由的走動或工作；校長尊重教師的人格與專業自由，教師可以自行從事實際工作，自行負責教學，並有權選擇課程與教材。教學情況中各種因素錯綜複雜，教師、學生、目標、課程、教學方法、班級結構以及彼此間的互動關係等，都會影響班級氣氛。一個班級可以說是一個心理團體，也可以說是一個大社會的縮影。學生

在這個團體生活，也在這個團體學習，不可避免的會受到團體的影響，這種團體的力量塑造了個人的態度、期望、價值以及角色行為，也影響了學生在教室中的各種學習活動（註十）。傳統由上到下單向命令的教學方式已不容存在於今日教育。如何從幼稚園的教學開始即正視人性的尊嚴，給予幼兒自尊尊人、自重人重的薰陶，從夏山學校的課室管理、討論與分享活動可窺其堂奧。

　　傳統教育採水平或分齡分組方式，此一編班是假設同齡的兒童在生理、心理及社會等方面的發展均相同，但事實上同齡的孩子在行為或心智上的發展仍有很大的差異。開放式教育採混齡編組（Interage Grouping）或混班的方式，審慎的將兩個或三個不同年齡層的孩子編為一組。這種異質分組的方式，旨在尊重不同年齡兒童的相似性與相異性。年齡大的孩子可以提攜年幼者，經由同儕的互動學習，其效果更佳；而聰明的孩童可與年長學童互相砥礪，在身體或社會活動發展，與同齡孩童彼此互動，共同成長。當年長者在某方面學習效果不佳時，可與幼童再共同學習，以減少其挫折感。

　　夏山學校採彈性課表與混齡編組的學級組織，學習的基本原則是自由、責任與信心，除了知識的學習外，情意學習是夏山教育的重點，學生有機會決定自己的學習課程，並且負起安排與完成自己學習的責任。這種採「家庭編組」（Family grouping）的混齡學級編制，是採不同年齡的小孩編入同一班級的一種學級組織方式。此種編組方式可以促進兒童社會化的發展，同時也可以使學習的環境更為豐富與變化，師生關係也愈形密切。由此觀之，混齡編組的學習方式在幼稚園是頗值得嘗試與實驗的。

　　學習評量基本上有兩個目的，一、可以了解幼兒個別的現況

以及成長中改變的方式；二、可以了解幼兒們整體的現況以及改變的情況。

　　此外，評量的結果還可以供父母了解其子女在幼稚園的生活狀況，從而搭建一座家園橋樑；行政單位也可藉評量結果，做爲改善的參考。（註十一）下面即從此四方面詳加說明夏山實踐給我國幼兒教育的啓示：

一、課室管理

　　夏山的課室生活及學習均頗自由，師生彼此尊重，學生自治的情形良好，學習態度也很認眞。教師經常使用啓發與引導的教學方式。傳統的教學方法，常常成爲個人發展獨特能力與創造力的阻礙。我們在論兒童的成就時，常採千篇一律的態度，很少把他當成獨特的人來看待。孩子勉强自己硬塞强記作學習，考試時再將記憶的內容原封不動的塡答在紙上，考試一結束，他的腦袋裡也就空無一物。學校以這些善於「反芻」的學生爲榮，事實上這些孩子往往缺乏敏銳的思考以及觀察的能力。尼爾以爲孩子並不需要學得像我們敎他的那麼多（註十二），從夏山的教學目標以及尼爾所提出對人性的看法，可以了解尼爾爲何反對教師只是一部告訴兒童事實的百科全書。教師不應只是一位教孩子照本宣科的人，更重要的他是一位教兒童探索與發現的人。

　　夏山的教室管理是由教職員和學生來共同處理，人人貢獻意見，人人參與決定，自治與自律的能力充分表現在夏山的學習活動。此外，要學生對「服從與紀律」眞義的了解與實踐，以及和其他學校並不相同的「獎懲」原則。

　　尼爾以爲大人之所以要小孩子服從，無非的是要滿足其權力

欲；與生命攸關的大事，小孩當然要服從，可是小孩子通常都是因爲小事情而受責罰。服從必須是發自內心不可强逼於外，因此大人應該教小孩服從自己，使用權威逼迫孩子順從，會導致孩子陽奉陰違。

紀律是達到目標的方法，然而樂隊裡和諧，彼此共識的紀律就和軍隊裡不服從就得處罰的紀律不同。快樂的學校其紀律就像樂隊一樣，人人享受著相同團隊精神的樂趣；痛苦的學校就像紀律嚴明的軍營一樣，人人常感岌岌可危。（註十三）受到嚴格管教的孩子有時會惹教師生氣來發洩他對權威的憎恨。在嚴厲、錯誤的教條下成長的孩子，將畢生生活在謊言中，因爲他們已經成爲習慣與禮教的努隸而不敢面對自己。尼爾以爲成長在愛和讚許環境的孩子，仇恨和破壞的行爲是不會發生的。

至於對學習的獎懲，尼爾也有他的看法與作法，尼爾以爲酬報性的獎勵會給孩子帶來嫉妒與惡性的競爭，而產生負作用。獎勵和懲罰行爲容易壓迫兒童產生興趣，然而這種興趣卻往往是漂浮而沒有根，教育的目的在引發學童自動自發的興趣，它是一種對工作完成後的自我滿足。此外，尼爾認爲教室裡應該少用懲罰，因爲懲罰常會造成怨恨與不平，這種用懲罰來嚇阻學生犯錯的教室管理方式，只能暫時控制局面，無法眞正解決問題。

夏山教室管理的方法和其他學校雖不盡相同，不過就潛移默化、變化氣質以及建立一個民主式的教室氣氛言，尼爾所提的原則是值得深思的。

「有怎樣的班級氣氛，就有怎樣的學習結果」，班級氣氛可能是溫暖的或嚴肅的，悅納或敵意的，熱忱或冷淡的，緊張或輕鬆的，團結或散漫的，愉快或痛苦的，和諧或衝突的。

　　班級氣氛愉快可使學生有較好的學業成績，反之則較差。（註十四）幼稚園階段的幼兒，正值學習的起步階段，教師如何以溫暖、接納的態度與幼兒相處，一位處處以「同理心」（empathy）待他們的「老姊」會比一位高高在上，動輒打人、罵人的「嚴師」易受孩子的尊敬，當然這種愛和真誠，如尼爾所言，是不能流於「放縱」的，否則課室的學習也就無法進行。

　　在學習或意志的決定，容許幼兒表示自己的想法或看法，將權威摒棄於幼稚園的門外，控制的思想走不進課室，人人熱心參與，個個自動自發，夏山學校給國內開放式幼兒活動設計一個豐富內涵與理想目標的指引。

二、討論及分享活動

　　在夏山學校每個星期二晚上尼爾便帶著大家討論有關的問題，主題包括心理學、道德的善惡、自治問題、講髒話和課程的學習等等，期望藉著討論來解決問題，或對問題有更深一層的了解與認識。討論會的開始通常是由尼爾開頭說明然後提出問題，激發孩子們以及教職員自動自發的暢所欲言，討論的結果大都令人感到興奮而且富有意義。

　　尼爾的評論大部分採取質疑、詰問的方式，很少採用教條式，他鼓勵孩子們有自己的創新奇想，而不喜歡孩子們沿襲他那已七、八十年的生活經驗。

　　討論內容，通常是先從廣泛的材料開始，然後再回到夏山學校的現實生活，（註十五）孩子們做開心情討論有關切身的問題就像在家裡一樣。無論是教職員或學生，個個都毫無猶疑地直稱名字，彼此親切而友善，孩子們會誠摯毫不畏懼的說出自己內心

眞正的感受，夏山的人們知道幫助自己，同時也幫助別人和學校解決問題。

團體討論常會因目的、內容的不同而採取座談式討論（Panel discussion）、辯論式討論（Dabate forum）、對話式討論（Interview）以及質問式討論（Interogator panel），尤以後者最常使用。在實際展開討論時，尼爾很注意他和學生間彼此的互動關係。學生必須意識到這是屬於「我們」的團體，而不只是屬於教師或學校的團體，這樣他們的參與才會投入。在主題的選擇方面，尼爾大都以成員能處理的爲範圍。譬如：「講髒話」這個主題，尼爾開始便問道，我們常在校裡聽到有人說髒話，大多數人都不喜歡聽髒話，可是爲什麼還這麼多人要講髒話呢？然後學生便各自提出高見，有的人說因爲在家不許說，所以就在學校大說特說、有的說因爲習慣了、有的說這樣罵人才過癮等，大家發表完畢後，尼爾便針對講髒話給夏山校風及財務所帶來的威脅向大家說明。此時，學生又提出其他學校的孩子也講髒話的問題，只是他們大都在電影院、老師背後或廁所才說，而夏山的孩子在大庭廣眾而已。尼爾則說宣洩情緒有時倒也情由可原，只是夏山的「老學生」倘若還不能克制自己出口成「髒」，尼爾以爲這就不應該了，因爲在夏山已夠自由，人人少有壓迫及焦慮。宣洩情緒的方法很多，應該試試找個自己和別人都能接受的方式。

教師在使用團體討論時倘能基於人性觀點，提供自由溫暖的氣氛以及重視討論過程中的溝通態度與技巧，相信討論活動可以發揮其無比的教育功能，夏山學校的討論活動對學生日常生活的輔導的確有莫大的助益。

運思準備期的幼兒（Pre-operational period）開始運用語

言，也就是說幼兒已能借助語文的符號表徵（representation）作用從事抽象的思考以處理各種問號。唯此時期的思考或考徵作用，只不過是把在感覺動作期所形成的認知結構加以改組而已。此階段前期（二～四歲間），幼兒的思考顯得非常的自我中心，即不易站在別人的立場及觀點來思考，因此他對事物的相關不了解，對人的相對關係也不清楚。因此教學時必須以具體實物、親自操作及相互討論、體驗的方式。

　　皮亞傑以爲此時期的幼兒發展有如下特徵：

　　　1.自我中心（ego-centrism）。

　　　2.能藉單字和符號（概念）功能（Symbolic functioning）來說明外在世界及內在的自我感覺。

　　　3.對自然界的各種現象，採取想像的方式來加以說明。

　　　4.用直覺來判斷事物。

　　　5.行動易受知覺影響。

　　　6.尙不能抽象思考。

　　　7.觀察事物只能使注意力集中在某一個顯著的特徵上。

　　　8.對一件物體很難看出他具有超過一種以上的性質。

　　　9.有短時距的過去、現在和未來的時間觀念。

　　　10.空間觀念只限於鄰近的範圍。

　　幼兒階段如何藉團體討論與分享活動，讓幼兒不再自我中心以及只用直覺來判斷事物。「眞理愈辯愈明」，經由夏山學校的討論活動方式可幫助幼兒由絕對、靜態、籠統的想法而進至相對、動態以及分化的思考路徑。能藉腦力激盪而集思廣益，將思考的歷程，應用於解決具體問題，甚至處群待物的應對進退。傳統教育單向注入的教學方式，是無法有此效果的。

三、混齡的學習活動

夏山學校將六歲到十六歲的孩子，不依年齡分成小一、小二或高一、高二的年級方式，它採用「家庭編組」(Family grouping）的混齡（mixed-age grouping），將全校學生分低、中、高三階段。此種方式又稱垂直式的編組方式(Vertical grouping），它的優點在於避免因實際年齡編班，但能力相去甚遠所造成的學習挫折與焦慮；其次，人類的大社會原本係一混齡的人們組成，如此的編組學習可促使幼兒的社會化，同時學習的環境也會因此而更豐富與更有變化，師生的關係愈形密切，在混齡學習的過程中，亦可將學習挫折減至最少。無論從生物學、家庭功能、社會學、幼兒個別發展以及學習的連貫性（continuity）來看，混齡學習卻是一項很好的措施。

幼兒教育的基本信仰之一——從兒童的立基點開始（Starting where the child is），混合年齡編組比依齡編組更能有效的實踐這個理念。（註十六）一般父母往往只能接納年紀小的孩子與年齡較大的孩子一齊學習，事實上年齡較大的孩子，因為他們的能力與年齡都是團體中之最高者，所以往往有機會扮演領導及教導幼小同儕的角色，而從中獲得有利的成長。葛瑞基亞諾等人（Graziano，Freach，Brownell，& Hartup）比較混齡與同齡團體，在解決問題情境下的行為表現，結果發現混齡環境可以提供年齡大的小孩機會，讓他們練習領導、負責、助人與服務等的正向行為。（註十七）年齡小而能力發展快速的幼兒可在混齡環境中，做跨越年齡的學習，他們可以有機會與他們能力相仿，但年齡較長的幼兒，一起從事學習活動。（註十八）對性情

孤僻及認知發展遲緩的幼兒，在混齡學習中較有機會體會成功的經驗與成就感，同時此種學習模式，也提供幼兒更多社會互動的機會。夏山學校這種混齡編組的學習方式，提供筆者近三年來進行開放式幼兒活動設計的實驗工作時不少啓示，如何將此觀念及其優點向教師與父母們推廣，是落實混齡個別化學習的第一步。

四、學習評量

　　夏山是一個很強調形成性評量（Formative evaluation）的學校，弗洛姆以爲評論夏山必須從這個角度來評量，否則會失去公允。（註十九）尼爾在「夏山學校」論「獎勵與處罰」一章中曾說：沒有一個眞正的藝術家會因金錢酬報而創作，因爲創作過程的快樂本身就是酬報之一。爲一件獎品而做事，就等於說這件事的本身不值得做；酬報會引起嫉妒，它是自由競爭的社會制度裡最壞的特色。

　　被懲罰的孩子變得越來越壞，最糟的是他將成爲一個懲罰的家長，而「恨」就此一代一代的綿延。尼爾說他從未聽說打罵敎育孩子而成功的父母，卻常聽到家長說：「我打也打過了，道理也講了，什麼方法都用盡了，他卻愈來愈壞。」（註廿）其次，尼爾也常問自己：「爲什麼有些很慈善的家長會容忍一所對孩子殘酷的學校？」（註廿一）這些家長表面看來很關心孩子有沒有受到良好的敎育，然而他們忽略了一點，那就是嚴厲的老師以處罰而不以開導的方式來啓發孩子的興趣，結果有許多小學到大學的優秀學生，後來到社會上都藉藉無名，原因是當時的好是因爲父母及老師的督促而非眞正自己的興趣，一旦督促的外力消失，就再也提不起努力的精神了。

　　此外，夏山學校對學生個案處理更是採用形成性的評量方式。例如：有學生偷了別人的腳踏車踏板。對這個案的發生原因，調查發現原來對方已經好久不用那部「爛」車子；其次，以前當事人每個星期都會接到家裡寄來的零用錢，然而最近六個星期都沒有接到家裡寄來的零用錢，由於身無分文才出此「下」策。了解事實的眞象以後，最後大家決定成立一個捐助基金委員會，由同學湊錢給他的車子買了腳踏板，於是當事人歡天喜地的跟著同學去旅行，而且以後再也沒有出現偷竊的行爲。另一個案是有四位年長的夏山男孩，把他們從家裡帶來的物品在學校拍賣。尼爾的輔導方法是首先查出學校自治會裡已有禁止孩子們把家裡帶來的東西賣給同學的規定。因爲父母是買東西的人，回家時東西沒有了，父母一定會責怪學校的疏忽；其次，這四個孩子經自治會通過；規定他們一星期內每晚八點上床而不准出校門，結果這四個孩子眞的毫無怨尤的留在宿舍，儘管尼爾慫恿他們出去看電影，他們答覆的是——尼爾，你別開玩笑了——犯了過錯本來就該照規定受罰。（註廿二）

　　類似這種形成性的評量，在夏山比比皆是。（註廿三）尼爾說：一個病態的孩子因情感不能得以發展所以才不能控制他的偷竊行爲。沒有一個快樂的人會不由自主或者繼續不斷的偷竊。對一個經常行竊的人，尼爾總先了解他的身世背景：他是否有個快樂的家庭，他的父母對他是否尊重與坦誠，以及他對宗教是否感到罪惡等。（註廿四）「形成性評量」的把握也就是夏山的教育精神。

　　經由這種形成性評量，不僅可以使教師了解學生，也可以使學生更自我認識，教學的過程當中倘能隨時注意這種形成性的評

量，其效果往往事半功倍。這種評量成效的認識與把握，也就是
夏山學校教育方式的礎石。

　　夏山學校以兒童「全人」的統整發展爲評量的要點，因此注
重形成性的評量，强調自我的比較，且以評量做爲診斷與輔導的
工作。幼兒教育是全人教育的基礎，經由平常的觀察與紀錄來了
解幼兒，就和鑑賞藝術品的能力一樣。我們對藝術品都會有所反
應，但是經過專業訓練及有經驗的人，會對藝術品有較正確而客
觀的評價。缺乏經驗的觀察評量者，其看法可能是偏頗、不正確
，甚至誤導的。國內的教師尙不習慣形式性的評量，單一方法及
總結性評量（Summative　Evaluation）已慣用多年而成習，因
此，如何改變教師透過軼事紀錄（Anecdote　records）、工作
成品（　Works　or　sample　files　）、個別計畫（Individual
plan）、教學紀錄（Recordings　of　teaching）以及唱、說、
表演、實驗等多元化形成性評量方式，紀錄幼兒種種學習行爲是
刻不容緩的教師工作。幼兒的評量，必須先了解其個別差異，並
隨時觀察、紀錄幼兒的學習動機、態度、興趣、方法、習慣和努
力的情形，採用科學方法，多方面考查幼兒的學習，進而診斷其
學習困難之所在與原因，然後實施補救教學或個別輔導。

第三節　輔導活動

　　尼爾的教育思想，秉持著人文主義的精神──肯定人存在的
價值與尊嚴，人具有潛能開發及自我實現的可能。因此，教育應
該引導學生如何生活、熱愛生命，並發揮生命的價值，學生應該

當作「人」而非「數目」（number）或成績。教學應以學生爲中心，而非以知識爲主，並要以情意發展爲重點。在方法上則應注重師生互動，以自由而民主的方式來相互討論，是誘發而非灌輸，是啓迪而非塡鴨。其經營夏山，以「自由、民主與愛」爲前提，希望藉此促發學生「主動」的學習。

　　尼爾之所以肯定人的自由，乃其對人性本善的假定推衍而來，人與生俱來就應擁有此基本人權。自由是給予學習者的肯定和尊重，因此，尼爾認爲在教育的過程中，一方面要儘量避免形式權威和假權威對學習者不當的約束，另一方面則應提供學習者運用自由的空間和時間，在社會互動的過程中，培養與自由相隨的責任感，因此自由並非放縱而是一種責任。

　　其次，尼爾指出民主是建立在人與人彼此間的誠信和相互尊重的基礎上，無論是教師或學生，都應建立在此一平等的基點上。其過程是參與、溝通、協調和「尊重少數」的最後決定。夏山學校的自治會就是此一精神具體實踐的例證。它允許每一個人平等的參與，並且在互信、溝通的過程中做「決定」和服從「規範」。

　　愛是尼爾教育思想中的重要概念，也是夏山學校教育的精神動力。尼爾本身就是教育愛的化身，而夏山學校師生間的互動，也充分發揮了教育愛和愛的教育的精神。師生間或同儕間也能以「愛」相待，則不僅學習的效果能提昇，對學生未來健全人格的發展，也當有積極的影響。

　　尼爾同時指出：傳統以來，成人常以其觀點或需要來要求或強迫下一代所要學習的事物，而美其名爲「爲你好」或「聽我的準沒錯」等外爍的引導。這會扼殺學習者的內在興趣，而變成爲

「爲別人而活」的學習。再加以不當的獎罰方式，逐漸使學習者的主動性消失，這實在是很大的損失。

　　綜合言之，尼爾認爲教育的本質是尊重和給予學習者自由和激發其主動性，以愛爲出發和彼此尊重的學習環境中，使人性得以充分開展，發揮生命積極價值的過程。

　　教育是人類特有的精神活動，其內容應包括認知領域（Cognitive dornain）、情意領域（Affective domain）以及動作技能領域（Psychomotor domain）等學習的多重目標。教育的目標在教人成「人」，亦即成爲一個具有（To be）一個人性格與使命感的人。（註廿五）然而環視國內過多、過重的認知記憶學習，已使教育偏離常軌。一般父母「望子女成龍鳳」殷切，以及「先起步一定贏」的錯愛，已使幼兒教育成了小學的認知先修教育，如何培養幼兒良好的道德行爲以及負責、有爲有守、自愛愛人的人是幼稚園的重要任務。夏山學校對人性善良的肯定，允許兒童自由發展，打破「玉不琢不成器」的迷思；在平等的基礎上，達成互信互賴，而不強調上、下權威的體系維持，這種反權威愛的教育與情意教育的成功，國內幼稚園在設計活動時，是該相當審慎的。下面分從「愛的教育與情意輔導」以及「反權威教育」兩方面，說明其給國內開放式幼兒活動設計的啓示。

一、愛的教育與情意輔導

　　弗洛姆（E. Fromm）曾評析尼爾思想和實踐中最特殊的，就是以「生命中的愛」來表現「善」的本質，在愛的世界中，人們喜愛他自己的生命，也喜愛別人的生命。因此，尼爾認爲「教育愛」是教育工作者首應具備的條件，其所以能喜愛兒童及教育

工作，並將其理念實踐在夏山學校的活動中，就是這種喜愛生命的具體表現。

　　不過尼爾對愛的本質並未有太多的論述，但他認爲「小孩對愛和讚許的需要超過知識的需要，他們需要愛和讚許來表現他們原有的善良，只有眞正有勇氣和愛心的父母，才能讓他們的孩子享有表現那內在善良的自由」。（註廿六）由此看來，無論是小孩的成長或成人之間的關係，若能建立在愛的基礎上，那麼良善的本性就能發展出來。

　　至於愛如何才能積極的發揮力量，尼爾認爲它是建立在「尊重別人」的基礎上，對學生的尊重才不致產生以自己獨特的意識型態強加諸其上，而變成學生所懼怕的「假權威」。由於夏山並不太重視智育，因此師生關係也就較容易從愛和眞誠的相處中，使權威性降低，而達到所謂「忘年」的平行相處，教師們的易於親近，加上學生們不矯飾、不懼怕，因此生活和人格輔導也較易進行。

　　歸納來說，夏山的社會關係，是以愛爲出發點，在尊重自由和自主的前提下，無論師生間或同儕間的關係，都能均等的分享權力，並與別人合作完成工作或共同解決問題。

　　尼爾珍視情意教育，主要的是它有益於人格的陶冶。他指出當今青少年犯罪不斷增加，校園暴力事件層出不窮，學生對學校的疏離等現象，都是人格教育失敗的證明。因此，他認爲學習過程中，儘量減少學生的挫折、恐懼和壓抑，讓其情緒得以自由宣洩和調適，才能與人和樂相處，人格才能臻於健全。他更進一步指出：一個情意發展正常的人，對生命才會產生喜樂，無憂無懼，而對別人表示尊重，因此，其人際關係必定和諧。因此，夏山

學校的輔導活動就是以情意教育目標的達成爲重點，以此陶冶完美的人格。

再則情意教育的成功，也會促成學習者對自我成長的信心和正確的自我期許。尼爾認爲學生情意的正常發展，對自己及世界都充滿希望，也就是自我實現的最佳保障。

情意課程是屬於發展性的輔導，其目的在促進個人最大的發展，（註廿七）它是一種心理健康計畫，目的在預防與減少學生危機的產生，以培養其處理生活中「改變」與「挫折」的能力。這種「預防性」與「教育性」的課程學習遠比灌輸式認知學習，要令兒童更受益。

分析我國幼稚園的課程標準乃在實現生活教育的理想，可是爲何法令歸法令，幼稚園仍我行我素「認知」掛帥？如何徹底重建教師及父母對教育眞諦的認識，以及不汲汲近功利、求成效，那麼，台灣的幼兒教育才有成功的希望，這方面夏山學校可借鑑的措施有不少，希望本土化的功夫也能使它們萌芽、茁壯在台灣的幼兒教育。

二、反權威的教育

尼爾指出在目前世界中，受到嚴格管制、訓練和壓制的孩子—不自由的孩子到處都是。而且從出生時，就在文明世界中，生活在被剝奪生命的氣氛裡。（註廿八）孩子吃奶要有一定的時間，乃是爲了母親的方便，但不定時吃奶卻會給孩子對乳房有很多的樂趣，對餵奶的失望使他吸吮大拇指，年事稍長，若再有此表現，可能還會被處罰。而對於性方面的管制也相當嚴厲，當好奇的撫摸性器時，就會被怒斥或挨打，逐漸覺得「性」的骯髒和罪

惡，而且不能「胡思亂想」。至於日常禮貌，乃是父母爲得到別
人（成人）的誇耀。「他那討厭的新衣服是穿給鄰居看的，父母
爲要別人尊敬，而形成一套虛僞說謊的做法──但通常小孩子不
知道」。（註廿九）

　　學生在學校的自由本性，常受到校規或各種生活公約、教室
規則的限制，同時也被訓練得尊敬長者、宗敎、老師、古人，並
且不准發問──只許服從。上課的時間也是被有秩序的安排好的
，一天的時間被強迫分成各個片段，就像幼兒時餵奶一樣，當學
生的學習興趣可能形成，或是對想學的事物持續時，上下課的鐘
響，就成了他興趣的休止等。學習的精力和興趣就在不斷周而復
始的「暖身」活動中逐漸消失。至於學校中存在責罵、處罰（包
括體罰），如果只是用來使學生服從紀律或是順從的手段，尼爾
認爲這只會增強兒童的恐懼、仇恨和欺騙，因爲非出於自願的外
加強迫，有時爲了暫時保護自己，只好撒謊、作弊或討好老師。
德律賓（R. Dreebeen）在分析潛在課程時也指出，學生們在規
學習中，並非完全依從於此規範之約束。（註卅）尤其在處罰過
程中，常有意想不到的經驗學習，如學會以暴力或惡言惡行來解
決問題。這個世界之所以充滿暴力、怨恨、欺詐，部分是由這種
不當的施敎和學習而來。

　　一般人總以爲獎勵比懲罰更能發揮積極性的效果，但事實上
，錯誤的酬賞一樣會給學童帶來錯誤的引導。尼爾指出：如果不
了解兒童學習的本質，拚命以外在的酬賞作爲誘因，學習就成了
沒有自發興趣的活動。在競相獲得獎勵時，所形成的惡性競爭，
常會使人與人之間更充滿敵意和怨恨，因此在一堆堆的獎品背後
，似乎會有更多的人落淚或因未得獎而受苛責。無怪乎夏山的活

動，並不以此外在的獎勵爲手段來促發學習，「獎勵是工作完成後的一種自我滿足的感覺」，也許在我們當今充滿工具性的酬賞和惡性競爭的學習活動中，學童們已漸失去純眞的本性。沒有一位藝術家只爲金錢而創作。事實上創造的過程及其看到自己的成果，才是最可貴的酬報。這種快樂豈能以外在「酬賞」衡量。

　　上述規範的學習以及獎賞的實施，都是以往認爲理所當然的權威灌輸。但夏山以自由、愛和民主爲起點的教育，就是在批判這些權威式輔導的意識型態。

　　「有怎樣的教師，就會有怎樣的學生」，幼兒正值模仿時期「仇生仇，愛生愛」，倘若教師每天對幼兒不是打罵，便是吼叫，那麼，試問：會產生怎樣的下一代？「教育愛」正如同弗洛姆所言是一種能力，是對幼兒生長的一種關懷，對幼兒的發展負責。「愛」是價值引導和價值創造的動力，幼兒教育更是需要這股源源不絕的力量，在夏山學校，我們看到不少活生生的例子，因爲「教育愛」爲尼爾所珍視，因此也成了尼爾選擇教師的首要條件。

附　註

註一：盧美貴，夏山學校「潛在課程」分析—對國內兒童教育的啓示，台北市立師院，民七十七，頁二十。

註二：同前註，頁二十一。

註三：T. Harms and Clifford, R. M., Early Childhood Environment Rating Scale, N. Y. : Teachers College Press, 1980, p.76.

註四：唐亦乾，規劃一個有助幼兒學習的環境，載於「完整教育」，台北，五南圖書出版公司，民七十九，頁七十五。

註五：吳貞祥，遊戲在幼兒認知發展上的價值，台北，現代教育，民七十五，一卷 2 期，頁五十六。

註六：盧美貴，兒童教育的理念與輔導，台北，師大書苑，民七十六，頁二一六。

註七：A. S. Neill, <u>Summerhill：A Radical Approach to Child Rearing,</u> Hart, 1960, p.62.

註八：郭爲藩，自我心理學，台南，開山書店，民六十一，頁二三三。

註九：郭爲藩，教育的理念，台北，文景書局，民六十八，頁三四三。

註十：吳武典，國小班級氣氛的因素分析與追踪研究，師大教育心理學報，第十二期，頁一三三。

註十一：簡楚瑛，紀錄法與評量，載於「完整教育」，台北，五南圖書出版公司，民七十九，頁九十九。

註十二：H. H. Hart, <u>Summerhill：For and Against,</u> N. Y.：1970, P.51.

註十三：Neill, <u>op. cit.</u>

註十四：楊國樞，影響國中學生問題行爲的學校因素，中研院民族研究所，社會變遷中的青少年問題研究論文，民六十六，頁十三。

註十五：陳伯璋・盧美貴・尼爾與夏山學校，台北，遠流出版社，民七十六，頁一六三。

註十六：W. Furman, "Rehabilitation of Socially withdrawn Preschool Children through mixed-aged And Same-age Socialization", <u>Child Development,</u> 1979（50），p.915.

註十七：邱志鵬等人，混合年齡教學理論與實際，師大家政教育，第九卷六期，頁六十一。

註十八：同前註，頁六十。

註十九：Hart, <u>op. cit.,</u> p.133.

註廿："A. S. Neill, <u>The Problem Child,</u> Herbert Jenkins, 1926, p.34."

註廿一："A. S. Neill, <u>The Problem Family,</u> Herbert Jenkins, 1949, p.39."

註廿二：個案——範例

　　　案例一：十一歲的喬治（George），父親是格拉斯哥（Glasgow）附近小鎮的一個貿易商，他是由一位醫生推薦到尼爾這裡。喬治有強烈的恐懼心，他怕離開家，甚至到鎮上學校都害怕，每次一離開家就會害怕得大吼大叫。父親費了九牛二虎之力把喬治弄到夏山。

　　　輔導方法：尼爾首先找出喬治怕離開家的原因，原來他的弟弟被送到醫院，後來他們用棺材把他裝回來，喬治怕自己離開家也會遭到同樣的命運。此外，尼爾又從調查中了解喬治總覺得弟弟從媽媽那裡得到比他更多的愛，因此常希望弟弟死掉，所以當弟弟真的死的時候，喬治有了可怕的罪惡感，以為是他的願望殺了弟弟，同時以為上帝會懲罰他的罪，當他離開家時也會把他殺掉。當尼爾把事的來龍去脈告訴喬治，並加以悉心的個

別談話後，喬治終於來去自如於夏山和家裡，不再哭鬧、吼叫。

案例二：尼爾發覺讓孩子們常常說出他們對家庭和學校的感想或反應，可以減少孩子們的不友善。

輔導方法：尼爾對「個別談話」往往沒有一定的方法。通常他會問「你照鏡子時，喜不喜歡你的臉？」「你最不喜歡那一部分？」「你最恨自己的是什麼？」然後聽聽孩子們的心聲。孩子們往往會回答「最不喜歡鼻子」，或者說最恨自己的「腳太大」、「身體太胖」、「頭髮粗硬」等。其次，尼爾也會請孩子們做做評估自己，並做給自己打分數的遊戲。

尼爾會說：「我現在寫幾樣東西來測驗你，你照自己的觀點與認識給自己打分數。」下面是一位十四歲男孩給自己的分數：

長相：不太高明，四十五分。

頭腦：哈！可以給六十分。

勇敢：二十五分。

忠實：我絕不出賣朋友——所以給八十分。

音樂：零分。

手工：回答得不清楚。

仇恨：這太難了！不行，我不能回答這個問題。

遊戲：六十分。

合群：九十分。

愚蠢：啊！大概百分之一百九十。

註廿三：王克難，夏山學校，遠流出版社，民七十三，頁一九六。

註廿四：A. S. Neill, <u>The Problem Teacher,</u> Herbert Jenkins, 1939, p.94.

註廿五：Hart, <u>op. cit.</u>.

註廿六：Neill, <u>op. cit.</u>, p.240.

註廿七：American School Counselor Association ASCA Pasition Statement, <u>The School Counselor,</u> 1976, 26（4）, p.270.

註廿八：Neill, <u>op. cit.</u>.

註廿九：<u>Ibid</u> p.96.

註卅：陳伯璋，潛在課程，台北，五南圖書出版公司，民七十四，頁七十二。

第五章　開放式幼兒活動設計及其評析

　　由前二、三章的研究觀之，我國自陶行知幼稚園生活教育的實驗至輓近幼兒科學教育課程的實驗有其不少成就，但也有若干的缺失與限制。例如：實驗的課程計畫仍嫌粗略、灌輸方式仍比啟發方式爲多、實驗的範圍僅限於局部，未能擴及全面、教師仍居主導地位，幼兒甚少主動參與、教具運用嫌少，仍以教材爲中心、評量的目標籠統、幼兒缺乏創思、想像與象徵性的遊戲活動、龐大的單元有時會因人力、物力及經費的限制而流於空洞，同時在歷次的課程實驗中，潛在課程往往未被列入重點。因此，常常容易流於結果的呈現而忽略了學習的過程。就整個課程的實驗而言，「統整性」及「銜接性」仍嫌不足，加上國人對課程修訂一向採較保守的態度，所以就歷次的實驗內容與方法來看，似仍不能迎應國內、外政治、經濟與社會潮流的發展趨勢。

　　反觀號稱世界上最自由、民主與開放的夏山學校，若將其措施全盤東移台灣，未必盡合我國國情與教育現況。夏山學校有著過於浪漫的人文理想，尼爾所珍視的教育理念，如「愛」、「自由」、「生命」，若從觀念分析的論點來看，這些概念是屬於「

複合概念」，不僅容易產生曖昧和含混，而且也很難眞確的把握其內涵。事實上，自由與權威並非對立的，對兒童自由的尊重，若不加以引導，則自由的獲得並不能充實生命的內涵或價值的提昇。

在夏山最受人批評的地方，就是對知性教育的忽略。雖然尼爾並未否定知識的價值，但與其他教育相較，知識的學習在夏山並未占有重要的比例。要使學生日後社會生活適應良好，單憑情意的滿足，倘若缺乏正確的知能引導人生的方向，這仍是不完整的教育。因此，教育固然要批判及清除虛假知識對人性的斲喪，但轉「識」爲「智」，也是學校責無旁貸的責任。

潛在課程在夏山的實施，雖提供學生更生動、活潑而開放的學習環境，也使錯誤的意識型態排除在學校之外，因此，對教育功能的發揮確實有積極的作用。但是潛在課程與正式課程並非對立而不相容。如果太重視潛在課程而忽略正式課程，同樣也會產生另一種消極性的潛在課程，這對教育目標的實現亦有不利的影響。學生可以憑喜好來去自由的上課，這雖有利的自由創造，但大多數的學生，也可能避重就輕，而無法獲得眞正生活的經驗。尤其是幼稚園的小朋友，年齡仍小，需教師給予計畫性的學習與輔導，而且適度、合宜的教室管理，對學生的學習成效，也是功不可沒的。

因此，本研究乃在探討我國歷年來幼稚園課程實驗之缺失，以及著手如何將夏山開放教育本土化於我國的幼稚園。希望可從較不受升學主義掛帥影響的幼兒教育率先實驗，然後推及與國小低年級銜接教學實驗（台北市政府教育局已於八十學年交由筆者組成研究小組進行實驗，計時三年完成並推廣至全國）。台北市

郊區八所國民小學：指南、溪山、湖田、平等、大屯、泉源、湖山及洲美等校，也由筆者擔任指導教授，於八十學年度展開課程計畫與實驗工作。冀望這種開放教育本土化的實驗能陸續獲得政府及有心人士的大力支持與奉行實踐，則台灣未來的教育，必漸臻美善。

　　下面分從理論、實施與評析三方面，對開放式幼兒活動設計加以說明。

第一節　開放式幼兒活動設計之理論基礎

　　開放教育起源於英國，發揚光大於美國，它是一種基於實用需要，由下而上、由點而面的草根運動（grass-root movement）。歐文（R. Owen）在蘇格蘭（Scotland）新蘭納克（New Lanark）創辦保育學校，利用導生制的方法以及雇用一些受過訓練的人員，為外出工作的母親照顧幼兒，幼兒學校強調遊戲、玩具的重要；加上哈德（W. Hadow）對非正式教育（informal education）的推展，以及二次大戰期間師生因避戰事遷移鄉間各地，就地取材、戶外學習、實地觀察與操作的方式，說明了囿於教室、習用教科書，以及紙筆測驗等傳統教育方式的不足。戰爭結束後，更由於孩子的社會經驗與教育背景的差異，於是這種以幼兒為本位、走出課室、不局限於教科書的記誦、重視情境布置、多元評量的學習方式，便在英國廣被採行。一九六七年的「卜勞登報告書」（The Plowden Report of 1967）以及教育家費斯東（J. Featherstone）在親訪英國的開放教學後，返美

對此種教育方式大加讚許；加上六〇年代美國主智教育相當盛行，不僅戕害學童好奇心與創造力的發展，壓抑學生學習的興趣，更貶抑了兒童的人格、自尊與價值。「學科中心課程」（discipline centered curriculum）以及「大眾教育」(mass education）產生了師生間的疏離，於是開放教育便在人文主義學者的急呼下，紛紛加以推廣。（註一）

　　本節分由哲學、心理學及社會文化三方面加以概括性的敘述其理論基礎。

壹、開放教育的哲學基礎

一、蘇格拉底（Socrates）

　　開放教育的思想探源最早可溯及蘇格拉底，（註二）他的產婆法說明了知識是發現（discovery）而不是發明（invention），教學不能採取注入方式，而應層層善誘，引發學生主動參與及探求真理。（註三）

二、柏拉圖（Plato）

　　柏拉圖主張以故事、說話、遊戲以及音樂、文學等方式來教導兒童，淘汰人的劣根性，使人性和諧的發展。幼兒時期吸收力強，可塑性高，透過遊戲的啟發式教學，可以培養孩子的天賦能力。

三、亞里斯多德（Aristotle）

亞里斯多德認為幼兒教育應以遊戲配合故事來循循善誘孩子的生活習慣及培養其健全的身心。

四、聖奧古斯丁（Saint Augustine）

聖奧古斯丁以為教育孩子時宜讓幼兒在自由與好奇中，透過遊戲來學習，恐懼及强制的心理在學習過程中是不宜存在的。

五、凱赫頓（Khaldoun）

凱赫頓主張教育宜訓練幼兒利用神所賦予的感官來察覺外界的物體，用視、聽、嗅、味及觸覺來認識物體的形式，進而轉化為理解抽象的能力。

六、伊拉士莫斯（Erasmus）

伊拉士莫斯教師應注重兒童的興趣，同時注意到動態與靜態調配的教學方法。

七、路德（Luther）

路德以為教育必須由專業人員來擔任，如此的教師才能善用啓發方式，開導幼兒思想與智慧。

八、蒙田（Montaigne）

蒙田主張學習是要教導幼兒掌握知識的意義與內涵，而非讓其記誦與全盤的吸收。此外，培養孩童對所有事物的好奇心是必

須的，因為好奇是思考力與創造力的根本，教師不可利用權威來左右兒童的決定。

九、康門紐斯（Comenius）

康門紐斯以為知識應透過感官加以認識與理解，教學應從實物的觀察開始。教師應了解幼兒，教材、教法要合於幼兒所需，才能使學習事半功倍。

十、洛克（Locke）

洛克認為直接的經驗是學習的淵源，為新知識發現之所在，學習任何材料，不應成心理的負擔，而應讓學生當做是一種樂趣；好奇是求知慾望的一種表現，也是人類探求知識的一項利器。（註四）

十一、盧梭（Rousseau）（註五）

㈠人類有其善良本性及潛在能力。

㈡兒童不是小大人，應有其本身存在的意義，與獨特的價值，不能附依附於成人。

㈢教育必須重視兒童的個性，才能因材施教，反對整齊畫一的教育模式。

㈣打破形式的教育方式，教育有其獨立的社會功能，不能附屬教會、社會與國家。

㈤學習應是主動思考的歷程，宜採個別化教學。

十二、裴斯塔洛齊（Pestalozzi）

㈠每一種教學必須根據幼兒心理的發展由易至難。

㈡讓幼兒有足夠的時間熟練他所學習的材料內容。

㈢直觀是教學的基礎。

㈣語言必須和直觀連結在一起。

㈤師生之間必須以關愛做爲教導基礎。

㈥教育必須尊重兒童。

㈦教育應自內而外，發展兒童固有的潛在能力。

㈧知識必須加以應用才能發揮其功效。

十三、赫爾巴特（Herbart）

　　赫爾巴特以爲教育的目的在發展孩童的個性及引發其學習的興趣。

十四、進步主義學派（Progressivism）

　　進步主義教育以杜威爲代表。開放式教育與進步主義的關聯頗大，其重要概念包括：（註六）

㈠教育如果要有效，必須配合孩童的自然成長。

㈡自由行動、身體活動及感情因素，均屬於認知及智慧的過程，也是教育的一部份，因此課程的安排應包括：活動單元、戲劇及身體語言的表達等。

㈢強調整體性。學校是社會的一個單位，學校不能與外在世界脫節，現在的生活品質是爲未來生活所做的最佳準備。

㈣做中學是孩童學習的主要方式，教育應安排及發展以孩童

　　爲經驗的活動。

㈤孩童在學校中的學習方式，應在孩童可以理解的範圍之內
　，而且在眞實世界中應有機會重複，而不是隨意的安排。

㈥個人是自由的，並且有權利做選擇的，在學校中應重視兒
　童的自由並尊重兒童所做的決定。

㈦兒童學習的課程，應以兒童的興趣、需要、能力與活動爲
　中心；鼓勵師生共同計劃教材及決定教學活動；教材的順
　序，要依經驗演進的原則，能適應個別的需要（楊國賜，
　民72）

　　進步主義教育開放式教育關係密切，但開放式教育已超越進
步主義兼俱兒童中心、教師中心及教材中心，不過，兩者之間仍
有許多的差異。（註七）

十五、人文主義學派（Humanism）

㈠協助學生發現自我，使學生能依其個人之潛能，追求自我
　實現。

㈡重視情意課程及人格教育，以增進全人格之發展。

㈢採用人性化的教學法，其特色爲：

　　1.建立行爲楷模（modeling）——強調教師身教之重要
　　，藉由潛移默化培養高尙情操及崇高的理想。

　　2.設計情意方面的教學（didactic instruction）——從
　　加強人際互動、心理衛生及感性、忠誠、自我概念及開
　　放自我等內容著手。

　　3.經由邂逅團體（encounter group）及會心團體（sen-
　　sitivity group），學習傾聽、尊重、悅納及認識自己

。（註八）

4.採學習者中心法，信任學生，繼而了解學生。

5.教師要有愛心，其最重要的任務是創造、建立或允許一種能讓學生自由表達意見及情感的氣氛。

㈣反對手段中心取向（即重視工具及技術）的評量方法，強調透過個人內在動機、情感及意向等內在整體因素來了解個人之學習。（註九）

貳、開放教育的心理學基礎（註十）

一、發展心理學

開放教育以為兒童的發展是受了兒童本身與環境交互作用（interaction）之影響。因此，個別差異的事實是存在的，教師必須根據兒童自身的發展，給予最適當的學習內容與教育環境。

二、完形心理學（Gestalt psychology）

㈠意義：強調幼兒的學習必須注重整體性的了解。

㈡理論：教學上主張以一個題材做中心，用實際活動來融會所有材料，培養幼兒的思考能力和注意到整個情境的了解能力。這種原則強調幼兒認識環境、應付環境、控制環境和改造環境的能力。目前幼稚園所採用的單元設計教學即此原則的應用。

㈢應用：將教學採用單元組織，把有關聯的教材組合在一起，作成一完整的體系。在教法方面，採單元教學法，使幼

　　兒獲得完整的生活經驗。

　　開放教育強調學習是一個整體，完形即是一個組型，將構成整體的各個部分，組成特殊的形式，人類唯有經由整體的形式與功能感知人性，才能了解人生的全部。（註十一）因此，教育必須以全人格的發展爲目標，注重認知、情意及動作技能的完整學習。

三、認知心理學（cognitive psychology）

㈠皮亞傑（Piaget）認知發展學說

　1.認知發展的假定

　　(1)兒童是主動的：所以外在的刺激須與發展一致。

　　(2)兒童的行爲是由生理和環境交互作用所決定。

　2.認知發展理論的重要概念

　　(1)遺傳結構：皮亞傑早年對生物與心理學的研究使他發現，生理稟賦在一定程度上會阻礙或促進智力作用。

　　(2)認知結構：皮亞傑所有的研究或觀點，都從認知結構擴充而來，是由經驗組成的一種形式。皮亞傑指出結構有三大特性：整體性（ wholeness ）、轉變性（transformation）與自我調節性（self-regulation）。

　　　①認知結構的特性，由因素形成，但並非各要素的集合即等是全體。一個結構中的元素受法則的支配，此法則係以整體或體系來界定，此一整體不容分解，且只有具統屬的各元素的特性，但各元素特性的總和並不等於整體的特性。

②認知結構的基本單位：基模（ schema 複數為 schemata）是一種行動的組織或結構。它係人類用以對環境理智之適應和組織的基本認知結構，包括明確、有組織的順序活動，此等活動之間保持有力及密切的連繫，它是皮亞傑為便於解釋認知發展而提出的認知結構的基本單位。基模反應行為的特質，也反映認知發展的層次，此外基模與基模間亦能經由彼此的同化與調整而發生作用，隨著認知的發展，基模將依年齡而演化成抽象的認知結構，並對外來資料，採取較準確的了解。

③認知功能：認知的兩種功能為組織與適應。二者同屬一種機械作用的兩項互補歷程，組織代表該作用的內在方面，適應則構成此種作用的外界方面。

(3)認知內容：認知內容是指可觀察、原始的、未經說明的行為與反應而言，會隨年齡增加而發生變化。

3.認知階段

(1)感覺動作期（sensorimotor period）：出生到兩歲左右。此時期之所以稱為感覺動作期乃此時嬰兒時期主要係透過感官、肌肉和環境交互作用，而且很容易受外來刺激所引導。這種以組織和協調來認識他周圍的世界，所以感官和動作之間之協調與合作，是以後心理動作發展的基礎。

(2)運思準備期（pre-operational period）：指兩歲到七歲左右。此時期幼兒開始運用語言，亦即幼兒已

能借助語文的符號表徵（representation）作用，從事抽象的思考以處理各種問題、自我中心、用直覺判斷事物、觀察事物只能集中在某一顯著的特徵、只有短時矩的時、空概念是此期的特徵。

(3)具體運思期（concret operation period）：指七歲至十一歲左右。此時期兒童能將邏輯思考的歷程，應用於解決問題，思考模式已漸由籠統到分化，絕對到相對、靜態到動態。

(4)形式運思期（formal operation period）：指十一歲到十五歲左右。此時期兒童可藉假設做推理和思考、能了解無限、宇宙、時間和空間概念、會運用科學分法歸納推理的事物以及運作各種高層次的邏輯思考。

4.教育措施

(1)配合認知發展，提供適合於兒童的課程與教材。

(2)幼兒應實施以活動為主的教育。

(3)重視實物教學。

(4)注重兒童經由「探索－發明－發現」的歷程，來攝取數理知識。

(5)實施分組教學，以增加兒童直接交互作用的效果。

(6)改變教材內容，強調整體的結構。

(7)設計教學活動，應參照兒童心智發展，並參照學習經驗與能力。

(8)教學時多給兒童思考、嘗試、討論、求證、發現與發表的機會。

(9)重視遊戲的社會化功能。

(10)強調教育的目的在培養創造力和批判能力。

(11)教學時宜培養幼兒合作、互助尊重等態度，以發展幼兒的社會能力。

(二)布魯納（Bruner）認知學習論

布魯納認為教育應採發現學習法，強調兒童主動的學習，主張教師應提供兒童更多嘗試以及探索的機會，引發兒童內在動機，兒童「如何學習」應比「學到什麼」更為重要。「螺旋式課程」是其有名的課程設計，此種課程設計是以學習客體所必備的基本要素為起點，隨個體成熟、興趣、能力與需求，採螺旋方式、循環重複，配合邏輯性、準備度，以及學習者成熟度、關鍵期，提供學習者適當的教材。（註十二）

參、開放教育的社會學基礎

教育乃保存與傳遞文化，重建社會或使個人社會化的一種歷程。（註十三）課程係提供學生有系統、有計畫的學習經驗，以幫助學生有效的社會化，因此，教育與社會之關係密不可分。

開放教育之所以在英國醞釀而生，乃因二次大戰的社會變遷、政治的開放（允許不同的聲音與意見）、教師擁有相當的自主權、校長以及視導人員具正確的教育理念和專業的教育知識，同時具有支持與接納教師新理念的襟懷。

其次，美國和日本不遺餘力的對開放教育加以實驗，並作本土化的推廣，（註十四）更給予我國教育界不少新的衝擊與努力的方向——人本基金會森林小學的實驗，台北市郊區八所國小正

積極籌畫進行田園教學實驗，以及開放式幼稚園與小學低年級的
教學銜接也於近日分三期展開實驗及推廣等，都是令人可喜的現
象。

　　近年來，我國的政治已由君主專制邁向自由、平等，以及講
求效率的民主政治；經濟也由農業社會邁入工業社會，生產技術
、消費型態及勞力分配都有了極大變化；教育的普及大眾傳播工
具的影響，已使溝通快速便捷，而文化也由理想精神文化轉型為
現實物質文化；小家庭漸多，促成倫理關係的轉變，人群關係已
由親族、地域、階級取向轉型至職業、興趣的取向。法治成了維
持社會秩序的主要力量，社會階層也以才能、專業為衡量的標準
，凡此種種皆有助於我國開放教育的腳步。（註十五）

肆、幼兒活動設計之理論基礎

　　幼兒課程內容是指幼兒在學校學習的經驗總和，伊文斯（E.
D. Evans）以為課程內容的選擇有下列三種不同的看法：（註
十六）

　　　　　1.本體論：將知識的本體組織呈現給幼兒，幼兒做知識基
　　　　　　本結構的學習，幼兒無法選擇或自行決定學習的內容。
　　　　　2.發展論：幼兒依自己興趣及發展做學習。
　　　　　3.調和論：提供幼兒多種類別的內容，幼兒在有限制的範
　　　　　　圍內做選擇的學習。

　　筆者以為幼兒的學習領域中，如：動作、語言、興趣、信心
、生活習慣及行為規範等，有些是幼兒必須學會的基本課題，倘
由教師事先依幼兒發展需要，予以妥當的計畫或安排，則可使學
習事半功倍。然而，每個孩子的個別差異不可謂不大，如何依其

志趣而有個別化的學習活動也是不容疏忽的。無論是本體論、發展論或調和論的幼兒學習內容，均須透過「活動」加以設計，因此「活動」便成了幼教教課程中最基本的單位，倘若忽略了這一點，則一切的課程設計便很容易偏失了方向。

　　伊文斯對活動設計提出了下列六個基本變項：

　　1.範圍（scope）：構成課程的廣度及變化。例如：認知——分類、序列、邏輯推理、解決問題技巧；學科技能——讀、寫、算；社會技能——社會行為、自我控制，成就動機等。

　　2.時間的優先（priorities）：幼兒學習某項內容的時間及時段，是否有足夠時間讓幼兒複習並加以熟練。

　　3.結構（struture）：學習內容是否因教學而呈現合理的安排。內容結構兩極端的看法：一是對所有幼兒提出相同的內容結構（重視一致性）；一是給予幼兒自由發展（重視個別性）。

　　4.繼續性（continuity）：學習內容是否藉各種不同的活動，不斷的重複而得到學習的增強及遷移。

　　5.穩定性或規律性（stablity or regularity）：課程內容是否有其規律，使幼兒可藉此獲得時間觀念的發展與情緒的安全感。

　　6.目標的陳述：認知與情意等不同學習領域，由於目標之精確度不同，因此評量工具與分法也不同。

　　至於幼兒課程內容應以「認知」的學習為重，或「情意」、

「動作技能」為主，一直是眾說紛云；教學方法應以「教師中心」或「幼兒本位」也仍莫衷一是。迎應各國社會背景之需要及讓幼兒也有個別發展之空間，這是課程設計的兩大要點，能把握此重點，方能設計出理想的幼兒活動。下面分從專家學者的意見及我國幼教課程標準兩方面加以說明幼教活動的內容：

一、希德布瑞德（V.Hildebrand）（註十七）

㈠戶外的學習活動。

㈡創造性的藝術活動。

㈢科學活動。

㈣有結構的學習活動。

㈤語言藝術。

㈥兒童文學。

㈦扮演遊戲。

㈧創造性的音樂活動。

㈨郊遊及參觀。

㈩吃點心、午睡、烹調的經驗。

二、布朗曼（B. L. Broman）（註十八）

㈠語言藝術（包括文學）。

㈡社會學習。

㈢科學遊戲。

㈣數學。

㈤藝術。

㈥音樂。

㈦遊戲。

三、立普、史基伯及魏塞斯伯（S. H. Leeper；D. S. Skipper；& R. L. Witherspoon）（註十九）

㈠語言藝術（包括文學）。

㈡數學。

㈢社會學習。

㈣道德教育。

㈤科學。

㈥健康和安全。

㈦遊戲活動。

㈧創造性的表達：藝術、音樂及活動。

四、伊利亞森和傑肯斯（C. F. Eliason & L. T. Jenkins）（註廿）

㈠數學。

㈡科學。

㈢知覺。

㈣社會學習。

㈤藝術。

五、伊文斯（J. Evans)（註廿一）

㈠認知。

㈡語文。

㈢動作——大肌肉、小肌肉、知動技巧。

㈤社會與情緒學習。

六、芬尼、克利斯泰斯及摩瑞飛克（S. Feeney；D. Christenson & E. Moravcik）（註廿二）

㈠身體發展的課程：感覺的發展及動作的發展。
㈡溝通的課程：語言及文學。
㈢創造性的課程：藝術、音樂、社會學習、營養。

七、羅賓遜和許瓦芝（H.T.Robison & S. L. Schwartz）（註廿三）

　　羅賓遜和許瓦芝的課程內容則只有三個領域：①科學與數學，②音樂與藝術，③語言發展與閱讀。

八、戴（B.Day）（註廿四）

㈠溝通：語言藝術。
㈡精細藝術。
㈢家庭生活及創造性扮演。
㈣科學及數學的探討。
㈤運動。
㈥戶外遊戲。
㈦人與地：社會學習。
㈧沙與水的遊戲。

九、我國幼稚園課程標準（註廿五）

㈠課程領域及範圍

我國幼稚園課程雖分六大領域，事實上彼此關連，活動時更應注意全盤性和整體性的計畫，配合幼兒身心發展、季節變換及地方需要做綜合的實施，以充實幼兒生活經驗，擴充幼兒的知識和能力，培養幼兒良好的生活習慣，增進幼兒良好的人際關係，以奠定幼兒健全人格的基礎，達成我國幼兒教育的目標。

1. 健康：健康的身體，健康的心理與健康的生活。
2. 遊戲：感覺動作遊戲、創造性遊戲、社會性活動與模仿想像、思考及解決問題遊戲、閱讀及觀賞影劇、影片及遊戲。
3. 音樂：唱遊、韻律、欣賞、節奏樂器。
4. 工作：繪畫、紙工、雕塑、工藝。
5. 語文：故事和歌謠、說話、閱讀。
6. 常識：社會、自然與數量形的概念。

㈡課程編制

1. 本課程標準以生活教育為中心。
2. 幼稚教育不得為國民小學課程的預習和熟練，以免影響幼兒身心的正常發展。
3. 課程設計應符合幼教目標根據課程領域，以活動課程設計型態作統整性實施。
4. 課程設計應以幼兒為主體，教師站在輔導的地位幫助幼兒成長。
5. 幼兒大都透過遊戲而學習，因此編制課程時，應盡量將

其設計成遊戲的型態。

(三)教材選擇

1.符合幼兒的教育目標。

2.考慮實際情況與需要：

　(1)配合幼兒需要及個別差異。

　(2)配合時令及社會需要。

　(3)配合幼稚園環境及設備。

3.注重生活性。

4.具有價值性。

5.具有基本性。

6.具有多樣性。

7.具有統整性。

(四)教學活動

1.教師在每一單元教學前，應布置適當的環境，準備充足的教具或實物，以引起幼兒學習動機和興趣。

2.教師教學時，應注意各單元教學目標的達成，對於態度、情感、興趣、是非觀念的培養及知識概念、動作技能的學習亦應同時重視。

3.教師對於幼兒的生活狀況、個性、好惡、習慣及在家庭中的地位等都須有所了解，並隨時記錄特殊行為現象，以為施教和輔導之參考。

4.注意幼兒良好習慣的養成。

5.教師必須以身作則。

(五)教學方法

1.教師應針對教學目標、幼兒能力和教學資源等條件，採

取適當的教學方法，以提高幼兒學習的興趣。

2.啓發、發表、練習、欣賞、討論及講解法宜適時加以靈活使用。

3.配合活動之進行，適時實施校外教學，以增進幼兒對自然及社區生活的了解。

(六)**教學型態**

1.幼稚園教學活動，得依年齡、性質、場地分成下列各種不同型態。

(1)依年齡分

①有四足歲幼兒編組的小班，五足歲幼兒編組的中班及六足歲幼兒編組的大班。

②有適合幼兒各年齡階混合編組的混齡班級，或學習區個別化活動。

(2)依性質分

①自由活動：幼兒在幼稚園中，進行自發性的學習活動，教師可隨機觀察指導。

②個別活動：教師與幼兒以一對一的方式進行教學活動，或學習區個別化活動。

③分組活動：教師將全班幼兒或大部分幼兒爲教學對象，進行教學活動。

(3)依場地分

①室內活動：幼兒在幼稚園安排的室內場地，及教師指導下所進行的教學活動。

②室內活動：幼兒在幼稚園安排的室內場地，及教師指導下所進行的教學活動。

2.幼兒每天在園的時間，各種教學活動不宜呆板的分節，在安排教學活動時須注意室內與室外、靜態與動態及個別與團體等活動的適當調配。

㈦**教學評量**

1.教師應根據教學目標進行教學評量，以作為改進教學的依據。

2.教學評量應包括前評量、教學活動中的評量、後評量及追踪評量。

3.教學評量的方法有觀察、記錄、口述、表演、操作、作品等，教師可視教學評量內容，相機配合運用。

4.教學評量可從教師方面與幼兒兩方面分別進行。

5.教學評量的結果，須妥予運用，除作為教師改進教學及輔導幼兒的依據外，並應通知學生家長，期與家庭教育相配合。

綜合本節結論如下，以作為第二節活動實施之理論基礎：

壹、開放教育的特性

1.態度：開放教育的老師允許孩子選擇自己有興趣的活動並作學習。

2.自由：開放並非放任，它的自由以不侵犯他人的自由為度。

3.幼兒中心：開放學習以幼兒為中心，成人是輔導者。（註廿六）

貳、開放教育的目的

　　「教育」與「訓練」有別，它必須具備價值性、認知性與自願性。教育的目的是希望幼兒能在融洽的人際關係中，以自由意志，合情、合理與合法的把事情有效的處理。唯有堅持這種理念與態度，才能造就一個凡事有主張、做事有決心與有毅力的人，這種人可以不必藉助外在的刺激力量，就能自動自發的去完成自己份內的工作，而且從多方面自我成長。

參、開放學校的意義

　　開放學校其用意在培養一個真正民主的自治形式，它不僅在成人的團體中進行，在兒童的團體裡也能運用自如，處理自己的生活是開放學校教給孩子的首要大事。開放教育的學者們認為學校應該是一個幫助兒童學習如何學習以及運用他們的心智才能於做決定（making decising）、統整經驗(organising experience)和靈活用所學轉識為智（utilising knowledge）的一個地方。（註廿七）

肆、內容統整的課程學習

　　開放學校的學習內容統整了教材和學生的活動。其統整的範圍包括：統整孩子過去的經驗，以應其興趣和需要；統整孩子與空間，使孩子在限制內，可以自由進出任何空間；統整校內外環

境；統整孩子興趣和教材；統整學校，讓孩子經驗不同的年齡團
體；統整老師間的生活和孩子的生活；統整孩子的家庭生活與學
校生活。

伍、自由而適性的開放空間

開放學校是以生活、大自然、社會以及世界，做為兒童學習
的大環境，而非一個放縱學生，讓其作威作福以及隨心所欲的地
方。其目的在使兒童的學習與生活教育合而為一，養成一個五育
均衡發展的「全人」。這種環境目的在減少權威，重視群體分享
以及真正關心他人的地方，這是一項極具精緻品質的事業。

陸、教師的角色

哈士特（J. D. Hassett）和衛斯伯格（A. Weisberg）以為
開放教室中教師必須善體人意，有一顆愛心而且有一雙助人的手
。（1 Teacher＝1 Knowing Mind＋1 Loving Heart＋2
Helping Hands）。教師角色已由權威管理者、學習主宰者，
轉變成諮商者、學習診斷者、學習催化者及資源專家。(註廿八)
(註廿九)

因此理想教師的角色如下：

    1.安排吸引兒童的學習環境，使兒童自行探索，並了解每
      個孩子的個別差異，適時的給予協助。

    2.開放教育的教師要敏感、耐心與機警，隨時幫助學生解
      決偶發事件。

3.不斷的自我成長與自我充實。

4.協助孩子了解自己和學習，幫助兒童獨立自主。

5.點燃孩子的學習火花，提供教材資源，刺激學生學習及思考的領域。

6.具備更多的熱忱和精力，以便隨時和兒童打成一片。

7.教師應引導學生如何學習，強調個人之自由學習的責任，避免專斷。

柒、兒童的角色（Role of The Children）

開放並不是放任，因此開放教育中的兒童必須具有下列三個條件：（註卅）

㈠責任感（responsibility）

孩子須為自己的決定負責任，並且記錄自己所做和正在做的事情。在這方面，教師必須為孩子供此方面的機會，否認責任感的孩子是永遠不會具有責任心的。

㈡做決定（making decision）

給予機會幫助孩子做決定，「做決定」是孩子獨立自主的第一步，在這之後，他便可以擴展到其他活動的學習。

㈢紀錄（record keeping）

在開放教室中，孩子必須學會紀錄自己進步的情形，並以幫助孩子發展其責任心和獨立性。

捌、編班方式

　　傳統教育採水平或分齡分組方式，此一班是假設同齡的兒童在生理、心理及社會等方面的發展均相同，但事實上同齡的孩子在行為或心智上的發展仍有很大的差異。開放式教育採混齡編組（interage grouping）或分組的方式，旨在尊重不同年齡兒童的相似性與相異性。年齡大的孩子可以提攜年幼者，經由同儕的互動學習，其效果更佳；而聰明的孩童可與年長學童互相砌磋，在身體或社會活動發展，與同齡孩童彼此互動，共同成長。當年長者在某方面學習效果不佳時，可與幼童再共同學習，以減少其挫折感。

　　開放教育的課程類型是一種「經驗課程」或稱「活動課程」，此課程的特色是「課程統整化」、「教材生活化」以及「教學活動化」。開放教育主張兒童的學習經驗是統整的，不分科；活動的安排是以兒童生活經驗為中心；教學方法大多以活動方式進行。開放教育秉持以「兒童」為本位的教育理念，其教學採「合科」的統整學習，引導兒童做發現與主動學習，強調「學」重於「教」，改變大班教學的方式而增加小組與個別化的學習，經常利用社會資源，讓幼兒到戶外學習，重視豐富情境的布置與多元化的學習評量。

　　開放教育不只意味著摺合的牆壁、彈性的學習空間、舒適的地毯、開放的學習區、活動的桌椅而已，更重要的是課程的統整化、教材的生活化和教學的活動化，以及它擴展了學校教育中「人性」的層面。

第二節　開放式幼兒活動設計之實施

壹、開放式幼兒活動設計的基本理念（註卅一）

　　研究伊始，首先著手設計活動的主題，這些活動設計考慮的事項如下：

1. 每天的活動包括團體、分組和學習區個別化的活動。
2. 配合幼兒的發展能力及自發學習的動機。
3. 活動的設計必須包含認知、情意、動作技能三層面。
4. 強調形成性的觀察與評量。
5. 幫助幼兒學習解決問題，以及與他人互助的技巧。
6. 情意、人格教育與智力發展並重，協助幼兒了解自己的學習能力。
7. 考慮幼兒從家庭到幼稚園的適應，即重視舊經驗和新經驗的銜接。
8. 活動的設計具有隨機性與彈性，以便適應幼兒的個別差異。
9. 為使幼兒能深入每個學習區做個別化的學習活動，一個活動主題改變過去一週一單元為兩週或三週。
10. 設計團體分組學習及個別化學習區學習的評量表，活動進行的第一天即交由父母在家輔導，活動結束將園方評量的結果，提供父母參考與對照，透過親子間的互動與

家、園的合作，完成幼兒教育，並落實親職教育。

貳、活動設計的依據（註卅二）

基於以上的理念，著手研擬幼稚園大、中、小班一學年的活動主題：（註卅三）

1.幼兒的生活經驗——自我的認識與發展。

2.家庭的認識。

3.幼稚園的適應。

4.社區與世界的瞭解和關心。

5.自然界（四季）現象的探討。

6.未來意識的培養——消費、生態、科技文明等問題與態度。

圖示如后：

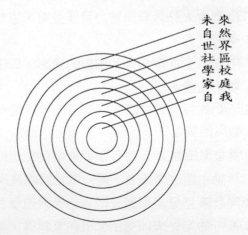

未來
自然界
世界
社區
學校
家庭
自我

圖五～1：幼兒生活中心課程結構

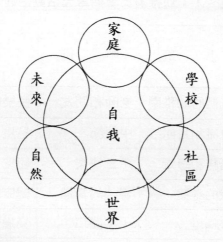

圖五～２：「自我」認識貫穿其他六大領域

參、擬定活動內容

依已訂的單元活動目標，設定各領域活動內容，其內容必須達成縱的銜接與橫的連繫：

㈠**縱的銜接**

即活動與活動之間，必須保有上下的連貫性、延續性以及發展性。各個活動把握其從易到難、從簡到繁、從實體操作到觀念建立。

㈡**橫的連繫**

活動進行時，各領域間要彼此發生互動的關係。幼稚園大、中、小班一學年活動主題如下：

表五～1：幼稚園上學期單元活動主題

編號 \ 名稱 \ 班別	小　班	中　班	大　班
1	我們的幼稚園	老師和朋友	快樂的園地
2	月亮和月餅	中秋節	星星月亮太陽
3	蛋糕和蠟燭	生日快樂	國慶日
4	我的身體	奇妙的身體	健康檢查
5	紅綠燈	十字路口	交通安全
6	蔬菜和水果	米和麵	我們的食物
7	夾子遊戲	洞洞遊戲	管子遊戲
8	拼拼排排	顏色和圖形	小小建築師
9	動一動	跳一跳	小小運動家
10	我生病了	醫生和護士	小小醫院
11	垃圾哪裡來	河水變黑了	環保小尖兵
12	玩具店	小小樂隊	小小劇場
13	鞋子和襪子	我們的衣服	服裝店
14	嚐一嚐	糖果屋	糖和鹽
15	壓歲錢	過新年	舞獅迎春

表五～2：幼稚園下學期單元活動主題

編號 \ 名稱 \ 班別	小　班	中　班	大　班
1	開學了	快樂上學去	喜相逢
2	美麗的花園	昆蟲世界	春天來了
3	看圖說話	故事屋	小小圖書館
4	彈珠遊戲	毽子和陀螺	中國童玩
5	美麗的花園	環保小尖兵	綠色大地
6	好玩的黏土	紙的世界	沙和石頭
7	我愛媽媽	媽媽真偉大	母親節
8	好鄰居	幫助我們的人	各行各業
9	好玩的地方	美麗的寶島	世界真奇妙
10	粽子和香包	龍舟比賽	端午節
11	下雨了	好玩的水	奇妙的水
12	蚊子和蒼蠅	交通安全	我是捍衛小寶貝
13	白天和晚上	鐘錶店	昨天今天明天
14	和風遊戲	好玩的磁鐵	奇妙的聲音
15	衣服變小了	歡送大哥哥大姊姊	上小學囉

肆、教學活動的進行方式

一、團體活動

　　每一單元活動均安排共同必學的基本知識、技能或情意學習，在全班幼兒都參與或全園幼兒都出席的情況下進行，此項活動保留國內原教學的長處。

二、分組活動

　　將幼兒分組或依其興趣選組，在同一活動目標下，做不同的操作活動或學習，以滿足幼兒多樣化的學習；此外，亦採協同的分組方式，如此教師可以更依專長，在節省時間、精力的情況下，發揮最高的教學效果。

三、學習區活動

　　注重個別化學習以及延續性的發展，幼兒在學習區中得到完全的尊重與自主，對人格、情意的培養與陶冶，以及性向試探，均可發揮其功效。(註卅四)

　　以上三種活動進行時，必須注意開放的精神。

一、時間的開放

　　在時間上的彈性較一般傳統時間為大，讓幼兒有充分的時間，做自己有興趣的活動，培養專注、耐心以及完成工作的責任感

。幼兒每天都有自由活動以及配合單元主題的個別化學習時間。

二、空間的開放

擴大幼兒活動空間，全園以及每一班的教室都是幼兒的活動場所與學習的地方，採某一時段的混班或混齡學習用意即在：提供幼兒選擇的機會，以建立其獨立自主的人格，並增強其適應環境、利用環境的能力。

三、教具、玩具及資源的開放

各種資源採開架式的陳列，以便幼兒自行取用，此種方式可發揮教具、玩具啓發的教育功能，以達幼兒學習的多元化目標。

伍、觀察紀錄與評量表的設計

觀察紀錄與評量是開放學習過程中很重要的一環。實驗中依幼兒在認知、情意及動作技能三方面的發展，設計評量項目，在各個活動進行時，並加以評量其能力，將不適當的項目刪除。

觀察紀錄及評量表供教師在進行團體，分組及個別化學習進行時使用，也供父母在家輔導子女時的參考。紀錄及各種量表兼採結構與非結構兩種方式，一則節省教師精力與時間，一則可以質的敍述說明幼兒在任何時、物、地的表現與經驗。

陸、學習區的情境布置

學習區（learning　center）是以個別化學習爲前提，依幼

兒的興趣，將活動室布置成數個學習區，放置充分的教具、玩具或其他事物，讓幼兒自由觀察、取用與學習。每個學習區的設置都有其主要提供的學習經驗，其中材料或配合單元主題活動，或不依主題，但是學習經驗均是以孩子的生活為出發，符合孩子的興趣、需求與能力。它的布置是一個整體的規劃，這整體的規劃以達成「認知」、「情意」和「動作技能」三方面均衡發展的「完整人」為依歸。具體內容則以部頒幼稚園課程標準中六大領域：健康、遊戲、音樂、工作、語文和遊戲為主，除園方有計畫，有意圖的學習經驗外，更注意家庭環境及其學習經驗中未經預期與設計，即影響幼兒學習的潛在課程（hidden curriculum）。將這些學習內容重新統整，轉換可以同時呈現在幼兒面前，讓孩子自由選擇與個別化學習，這便是「學習區」的最大意義了。（註卅五）

　　幼稚園主要的學習區包括：娃娃家、益智區、美勞區、積木區和語文區；其次，尚有科學區、音樂區、繪畫區、圖書區或沙水區等。（註卅六）由於各個學習區的材料不同，因此，可以提供不同的學習經驗。教師可依不同的主題活動開放各個學習區，如果空間許可，尚可再細分活動區，例如：美勞區可再細分為繪畫區、勞作區、水彩區或黏土區等。

　　下面就一般幼稚園常設置的五個學習區加以說明其布置內容、提供的學習經驗教師的角色以及設計時應注意的事項，至於幼兒角色因有評量項目可供參考，於此不再敍述。

一、益智區

㈠布置的內容

　　益智區的活動重點在培養幼兒數概念、自由建構以及合作遊戲的能力，其玩具內容不下千百餘種。依教育功能來分有數字類、形狀類等；依幼兒的年齡來分有零至兩歲或三至六歲的玩具；依玩具的操作特性，有自我修正型或自由組合型；依感官知覺來區分有觸摸、聽覺、語文與嗅覺等玩具。例如：智高玩具、雪花片、數字圖片、串珠、骰子、賓果、象棋、跳棋、萬花拼盤、七巧板、子母盒、數字分解盒、撲克牌、太空黑洞遊戲卡、大拼圖、快得樂、百力智慧片、畢卡索拼板、方圓切割板，以及算術天平等均是布置的好材料。

㈡提供的學習經驗

1. 數概念：獲得具體的數概念，並能運用、了解數與日常生活間的關係。
2. 自由建構：提供自由創作、組合的經驗以及手眼的協調訓練。
3. 合作遊戲：透過團體的互動，練習已有的概念，並求發展解決問題、思考和創造的能力。

㈢設計時注意事項

1. 此學習區的玩具有的適合在地毯上玩，有的則需在桌子上玩。
2. 遠離吵雜的地區，以便幼兒專心學習。
3. 方便幼兒拿取與放置，櫥櫃不必加玻璃或門鎖，高矮適中，每一類玩具的櫃子當標明或圖示用具，以便幼兒取

用或歸位整理。

4.材料玩具的分類要清楚，便於孩子使用。

5.提供幼兒一個寬敞而有矮屏障的空間，幼兒學習時較不易受干擾。

6.最好用塑膠盒子或籃子裝玩具，方便收拾且不易破損。

(四)教師的角色

1.學習區既然是個別化學習的地方，因此，教師的說明與引導當減至最少，否則便與團體、分組教學無異。

2.清楚的布置學習區，使幼兒一看便知道益智區的場所。

3.提供幼兒充足的玩具，隨時配合主題活動更新汰舊。

4.適時介入幼兒的學習（例如：幼兒請求支援或發生困難），並常給予鼓勵。

5.訂定益智區的使用規則與學習主題。

6.儘量利用同理心及擴散性的說話技巧，以啟發幼兒的學習。

7.隨時做觀察紀錄，以了解幼兒的學習狀況。

二、娃娃家

(一)布置的內容

娃娃家的活動重點在培養幼兒扮演、想像以及家事活動的能力，其材料包括各式娃娃及洋娃娃的配件、家俱（桌椅、床、櫃、梳粧台）、廚房用品（碗、盤、爐、鍋、筷子、冰箱、洗手槽）、洗潔用具（吸塵器、掃把、抹布、洗潔精）、衣物服飾（衣褲、巾冒子、口紅、項鍊、煙斗、拖鞋）等。

㈡提供的學習經驗

1.角色扮演：幼兒可以藉各行各業以及各種家中人物角色的扮演，學習各種應對態度和技巧。

2.家事活動：了解各種食物的烹飪與營養、知道如何使用各種切、倒、開罐、攪拌技巧、並且學習依指示做事情的態度與技巧。

3.想像力的發揮：藉角色的扮演，讓幼兒將現實與非現實的情境連接起來，鬆懈其內心情緒的緊張，以促使心理發展平衡。

㈢設計時注意事項

1.能擁有獨立不受干擾的空間，其通道能容納二、三個人的進出度。

2.為方便幼兒拿取與放置物品，宜採開放方式放置，但須標明圖示或文字，以便歸位整理。

3.使用水的場所，儘可能不舖地毯，以免潮濕。

4.娃娃家必要時可配合學習主題，改變成「郵局」、「超市」、「銀行」或「商店」等。

5.布置時宜方便幼兒的互動。

㈣教師的角色

1.配合學習主題，布置充實而豐富的學習情境。

2.設計適當的觀察紀錄，隨時做做形成性的評量。

3.訂定娃娃家的使用規則與學習主題。

4.幼兒請求協助或發生學習困難時，能適時介入與指導。

5.注意與幼兒間的間話技巧。

三、美勞區

㈠布置的內容

　　美勞區的活動旨在培養孩子繪畫、勞作、剪貼、摺紙、黏土、切割等能力，其材料包括筆（蠟筆、粉彩筆、水彩筆、彩色筆、鉛筆）、顏料（墨汁、廣告顏料、水彩）、紙張（圖畫紙、色紙、牛皮紙、卡紙、玻璃紙）、工具（剪刀、刀片、釘書機、打洞機、漿糊、膠水、切紙機、白膠、膠帶）、材料（鐵絲、廢紙、空盒、黏土、木塊、保麗龍、色紙等）。

㈡提供的學習經驗

　　1.獲得使用各種不同畫材、操作的經驗。

　　2.能以畫畫及勞作來表達自己的想法與感覺。

　　3.提供運用各種材料創作的機會。

　　4.體驗生活中色彩、形體及各種質感的獨特性。

　　5.培養親作操作解決問題的能力。

　　6.獲得手眼協調的訓練機會。

　　7.發洩幼兒內心的煩憂，消除壓抑的情緒。

　　8.養成勤勞習慣，以及培養審美能力。

㈢設計時注意事項

　　1.地面最好是方便清理。

　　2.除了準備各種豐富的材料之外，還須準備充分的清潔用具。

　　3.需要較大的展示及存放作品的牆面和櫥櫃。

　　4.知道適時補充各式各樣的美勞材料。

　　5.會將各種不同的活動（例如：水彩畫、泥工、剪貼等）

安排在適當的場所。

6.注意與幼兒間的問話技巧。

四、積木區

㈠布置的內容

積木區的活動主要目的在培養孩子自由建構以及配合活動主題搭建或創作造型，以其質料來分有：紙積木、樂高積木、海綿積木、工程師積木、保麗龍積木、空心積木等；以其體積來分有：大型積木、中型積木以及小型積木等；就其模型而言，有人物、動物、汽車等標示板。

㈡提供的學習經驗

1.自由建構：讓幼兒認識空間位置的相對關係，以非語言的型態，表達自己的想法，享受創造的樂趣以及感覺到物體重心和平衡的關係。

2.搭建或造型：發展幼兒運用象徵符號的能力與培養孩子視覺辨識的能力。

㈢設計時注意要點

1.積木區的教材、用具，應放在附近以便取用。

2.此區設計時不宜與圖書區為鄰，以免干擾；不過可考慮和娃娃家毗鄰，讓幼兒隨時運用兩邊的道具。

3.不需設桌椅。

4.舖上地毯可以減少噪音干擾。

5.可考慮設在戶外走廊或較平坦的地面上。

6.需獨立而不受干擾的空間，並遠離通道。

7.照積木的式樣大小，剪出紙樣，分別貼在櫃子的每個隔

間板上，讓幼兒知所擺置。

8.儘可能有充分足夠的材料，一式兩種或多種，以免幼兒
爭搶。

㈣教師的角色

1.引發女孩對積木遊戲的興趣，不要讓她們誤以爲積木遊
戲是男孩子的專利。

2.布置豐富的情境與材料。

3.傾聽幼兒搭建的作品內容。

4.訂定積木區的使用規則與學習主題。

5.解決幼兒的紛爭。例如：推倒別人的作品等。

6.輔導幼兒收拾工作，好給孩子三、五分鐘的心理準備。

7.將幼兒的作品攝影留念。

8.透過搭建積木啓發幼兒認知概念以及裝扮的遊戲。

五、語文區

㈠布置的內容

語文區的活動主要目的在培養幼兒閱讀與傾聽的能力，進而
給予幼兒表達和與人溝通機會。本區的材料可包括：圖畫、故事
書、字卡、兒歌卡、收錄音機、錄音帶、耳機、各式布偶台等。

㈡提供的學習經驗

1.閱讀與傾聽：讓幼兒隨機認識常用的文字、培養閱讀的
興趣、了解文字與語言間的關係，以及養成幼兒傾聽的
能力。

2.表達與溝通能力：藉閱讀發展幼兒表達的能力，同時經
由與別人溝通的機會增加說話的語彙。

3.提供操作收錄音機的機會。

㈢設計時注意要點

1.需要安靜的區域。

2.光線充足。

3.給幼兒收錄音機時，最好也給耳機，以免放出聲音時干擾其他幼兒。

4.除桌椅外，可放置軟墊，或舖地毯，以使幼兒有舒適、溫暖的感覺。

㈣教師的角色

1.隨時增添與學習主題有關的語文圖書或故事錄音帶，幼兒不感興趣者宜汰舊。

2.布置豐富的情境與材料。

3.指導幼兒閱讀技巧與發表能力。

4.訂定語文區的使用規則與學習主題。

5.錄音機及耳機有多套，避免幼兒爭搶。

6.注意與幼兒間的問話技巧。

柒、活動設計示例

　　為使開放教育落實本土化的精神，活動設計兼俱歐美及本國教學活動的優點，即團體教學、分組教學以及學習區混班（混齡）的個別化學習活動。團體教學在原班，分組教學可在原班或他班（協同教學），學習區則依幼兒興趣選擇，係以混班或混齡為原則。晨會活動時各個幼兒在曼妙音樂引導下步入活動場所，參與園方安排有關單元主題的戲劇表演或感性活動。為讓教師及父

母了解幼兒的學習，編製單元活動綜合學習評量以及學習區個別化的學習評量。此評量表於單元活動開始時分送各位幼兒的家長，一方面讓家長知道開放式的學習內容，另一方面實施親職教育，讓父母知道幼兒在幼稚園的學習，身為父母的該做如何的介入與配合。冀望教師及父母能體認與了解這種起於快樂終於智慧的學習方式，並不是無功的嬉戲。（註卅七）

　　基於國內的教學偏向注入的灌輸方式，開放以及充實大學習區，一方面可節省經費，發揮老師專長。另一方面也可鼓勵幼兒主動參與及發現學習。此外，家庭結構的改變，每個家裡最多一至二位幼兒，孩子間的互動必然減少，所以此活動設計在部分時間是採混班與混齡的學習方式，這種方式近年來筆者的觀察與研究，發現它不僅更近於人類社會的組識型態，更有助於幼兒社會化、減少學習挫敗、增進學習效果以及助長同儕教學之效果。（註卅八）

　　下面列舉表五～3幼稚園主題活動「歡迎春天」大中小班為例，說明此種活動之設計。此種主題活動設計係此次台北市幼稚園與國小一年級數學銜接實驗主題：

表五~3：幼稚園教學活動設計

單元名稱：春天來了　　　　　　　　　　活動時間：二週

班　別：大班　　人數：30人

設　計　者：呂碧玉、蔡美端

教學目標	一、認識春天的景象。 二、學習觀察動植物的方法。 三、瞭解自然與生活的關係。 四、增進對自然發表創作的能力。 五、養成喜愛大自然的習性。
活動主題與綱要	活動一【欣賞大自然】—觀賞自然景物後發表心得及肢體模仿遊戲，進行小徑尋寶。 活動二【花與蟲】—探集野花、小草做遊戲，並討論花草與昆蟲的關係。 活動三【種植真有趣】—觀賞（猴子和螃蟹種種）紙偶劇後，進行各種方式種植。 活動四【大自然的聲音】—聽蟲鳴、鳥叫聲、風聲、樹搖、草動聲等各種自然的聲音。 活動五【美麗的春天】—集體創作道具、布景，進行（春天來了）歌劇表演。

活動項目	活動目標	活動內容與過程	教學資源	教學評量
活動一：欣賞大自然	能專心欣賞影片。	壹、引起動機 一、展示四季風景圖。 二、觀賞幻燈片或錄影帶。 貳、團體活動 一、討論 (一)影片中印象最深刻的是什麼？為什麼？ (二)哪些景色與日常生活有關？ (三)決定觀賞地點。 二、散步中觀賞自然景物。 參、分組活動	四季風景圖影片（幻燈片或錄影帶）【自然景觀】	能安靜的欣賞影片。
	能以自然物創作。	一、益智組—大地尋寶	袋子、石子、葉子、花草、樹枝	能用自然物進行遊戲創作。
	能以不同的方式觀賞。	二、科學組—和花草做遊戲	鏡子、放大鏡、野花草、卡	能用不同的方式觀賞大自然

紙、玻璃紙、膠帶。

箱子、盒子、樹枝、竹子、臘光紙、膠水、膠帶、剪刀

的景物。

能主動收拾並物歸原處。

三、工作組—創作真有趣

肆、學習區
一、科學區—小小金頭腦
二、益智區—操作真有趣
三、語文區—美麗的春天
四、工作區—工作真快樂
五、音樂區—飛舞的音符
六、體能區—欣欣向榮
七、積木區—歡迎到花園來
八、娃娃扮演區—昆蟲家庭
伍、分享活動
一、經驗統整。
二、收拾整理。

能主動收拾。

活動二：花與昆蟲			
能仔細觀察。	壹、引起動機 一、探集花草做遊戲。 二、尋找昆蟲活動蹤跡。 三、觀賞昆蟲活動。	野花、野草、 放大鏡	能專注於定點 觀察。
會探討花與昆蟲關係。	貳、團體活動 一、蝴蝶與蜜蜂飛舞線線歇與歇息姿勢。 二、會看週那些昆蟲在花朵停留或走動。 三、花朵與昆蟲如何相互幫忙。 四、昆蟲外還有什麼會幫忙傳花粉。	自然圖片、圖書	討論中能說出 二項花與昆蟲 的關係。
能聽指令找同色卡花朵。 會幫昆蟲找家。	參、分組活動 一、體能組一彩色花園 二、益智組一昆蟲搬家	各色呼啦圈、 錄音機、錄音帶 昆蟲圖卡、風 景圖片	能依指令顏色 找出花朵。 能做昆蟲與窩 的配對。

活動三：種植真有趣	能快樂的觀賞紙偶劇。	壹、引起動機 　一、猴子、螃蟹紙偶、舞臺、植物紙偶。 　二、欣賞用植物盆栽及蔬菜（白菜、蘿蔔、黃金葛、杜鵑）。 貳、團體活動 　一、欣賞「猴子和螃蟹」種植偶劇。 　二、討論—種植的方式。 三、工作組—捏塑 肆、學習區 　如活動一的情境布置，可採混班或混齡學習活動。 伍、分享活動 　一、經驗統整。 　二、兒歌唸作。	猴子、螃蟹紙偶、舞臺、香蕉樹葉、幹、根紙偶 紙黏土、油土、麵糰	能專心觀賞紙偶劇。

目標	教材	活動過程	目標
能依程序表自行選擇種植材料進行種植。 能正確排出植物成長序列圖卡。	種子樹苗、秋海棠、土水、花鏟子、澆水器 植物成長序列圖 有關春天的圖畫書	參、分組活動 一、科學組—小樹苗 二、益智組—小種子快長大 三、語文組—圖書欣賞 肆、學習區 如活動一的情境布置，可採混班或混齡學習活動。 伍、分享活動 一、經驗統整。 二、收拾整理。 壹、引起動機 一、戶外活動注意事項說明。 二、聲音的代號。例：小鳥比5 1、昆蟲聲比5	能主動參與種植活動。 能指出植物成長過程。

活動四：

| 大自然的聲音 | 能分辨大自然的聲音。
能使用樂器。 | 貳、團體活動
　一、到戶外去學習聆聽。
　二、睜開眼睛聽。
　三、閉上眼睛聽。
　四、聽聽誰的聲音。
　五、聽聲音指出方向與位置。
　六、模仿創作。
參、分組活動
　一、科學組—他們在哪裡？
　二、音樂組—音的旋律
　三、語文組—嘟嘟小車
肆、學習區
　如活動一的情境布置，可採混班或混齡學習活動。
伍、分享活動
　一、經驗統整。
　二、收拾整理。 | 錄音機、錄音帶、圖片、響板、節奏卡、文字卡、字卡、句卡、兒歌圖 | 能依聲音代號分辨出大自然的聲音。
能依符號卡拍樂器。 |

活動名稱	活動目標	活動過程	教學資源	評量
活動五：美麗的春天	感受春天的喜悅。 能依規定項目完成工作。 能愉快的與他人共同介紹自製圖書。	壹、引起動機 一、布置春天景物。 二、播放春天有關歌謠。 貳、團體活動 一、討論 　(一)工作流程及項目。 　(二)角色分配，道具製作。 二、裝扮造型，道具製作。 三、單項表演。 參、分組活動 一、語文組—好長的圖畫書 二、扮演組—熱鬧的春天 三、工作組—色彩色彩遊戲 肆、學習區 如活動一的情境布置，可採混班或混齡學習活動 伍、分享活動 一、經驗分享（圖書介紹）。 二、大家說故事。	春天景物 與春天有關的錄音帶 剪刀、膠帶、色紙、玻璃紙、卡紙、臘光紙、紙箱、錄音機、錄音帶 圖畫紙、彩色筆 扮演道具 各種花架、搗花器、宣紙、剪刀、紙、膠水	能以肢體活動表現春天的活潑喜悅。 能依討論的內容完成工作。 能輕鬆的介紹自製圖書的內容。

綜合學習評量表		
項目內容	評　量　內　容	評量結果
認知發展	1.能說出花與昆蟲的二項關係。	
	2.能依指令色找出花朵。	
	3.能說出花草的名稱及特徵。	
情意發展	1.能專心欣賞影片。	
	2.能專注於定點觀察。	
	3.能主動參與種植活動。	
技能發展	1.能依各種方法進行種植。	
	2.能依聲音指出方位。	
	3.能以肢體表現春天的活潑喜悅。	
備註	1.符號表示：（☆）表現優良　（◎）表現良好 　　　　　　（○）表現尚可　（△）尚需加強 2.空欄處教師可用文字敘述幼兒有關的發展與學習狀況。	

單元名稱：春天來了　　　　活動方式：分組活動

適用年段：大班　　　　　　活動時間：30分

設計者：呂碧玉、蔡美端

分組主題與綱要	
活動一	益智組【大地尋寶】－觀賞自然景象，進行尋寶分類再創作。 科學組【和花草做遊戲】－採集花草，進行壓花遊戲。 工作組【創作真有趣】－利用紙箱、膽光及玻璃紙，製作著天景物造型。
活動二	體能組【彩色花園】－以各色花朵造型進行，依指令走進同色花朵中。 益智組【昆蟲搬家】－將昆蟲模型放於各種風景圖中。 工作組【捏塑真快樂】－提供黏土、陶土、油土、麵糰，進行各種花與昆蟲的造型設計。
活動三	科學組【小樹苗】－提供種子、樹苗，進行種植活動。 益智組【小種子快長大】－利用植物成長過程圖卡，排出植物成長序列。 語文組【圖書欣賞】－提供有關春天的圖書，進行圖書欣賞。
活動四	科學組【他們在哪裡？】－一聽錄音聲，從風景圖中找尋景物位置。 音樂組【春的旋律】－節奏說白，樂器演奏。 語文組【嘟嘟小車】－兒歌接龍。
活動五	語文組【好長的圖畫書】－每人設計一張與春天有關的事物繪於紙上，再進行組合。 扮演組【熱鬧的春天】－利用自製布景、道具表演戲劇。 工作組【色彩遊戲】－花汁渲染、造型剪貼，集體創作。

分組活動的進行可依幼兒的興趣或學習能力的不同，適時安排興趣或能力分組。

活動項目		活動內容及過程
活動一：欣賞大自然		
益智組 大地尋寶		1.討論看到些什麼？如何尋寶？ 2.進行尋寶活動。 3.介紹別人看我找到什麼？ 4.把相同的寶藏放在一起，可以玩什麼遊戲？ 5.進行遊戲創作。 6.作品欣賞與經驗分享。
科學組 和花草做遊戲		1.蒐集花草，以放大鏡觀察。 2.用酢漿草、車前莖做拉力遊戲。 3.進行壓花遊戲。 4.作品分享。
工作組 創作真有趣		1.蒐集各種可利用物。 2.討論哪些是春天的景物、昆蟲。 3.自選創作項目。 4.討論工作程序。 5.創作春天造型。 6.作品分享。

活動二：花與蟲		
體能組 彩色花園	1.討論遊戲規則。 2.聽聲音飛舞於花園（呼拉圈）。 3.聽指令找顏色走進同色花朵中。 4.分享遊戲的樂趣。	
益智組 昆蟲搬家	1.展示各種昆蟲圖卡及風景圖片。 2.討論昆蟲的住處。 3.操作昆蟲與簡的對應。 4.將昆蟲模型置於各風景圖中。 5.經驗分享。	
工作組 捏塑真快樂	1.展示常見的昆蟲與植物模型。 2.介紹紙黏土、陶土、油土等材質。 3.講解捏塑的技巧。 4.利用各種材質，進行創作花與昆蟲造型。 5.作品欣賞與經驗分享。	

活動三：種植真有趣

科學組 小樹苗	1.布置種植順序圖。 2.種植活動：示範及操作 　(1)播種法。 　(2)插枝法。 　(3)移植法。 3.經驗統整。
益智組 小種子快快長大	1.提供各種植物生長圖。 2.操作成長順序圖。 3.剪貼各種種子、發芽、長葉、長大的順序圖。 4.作品欣賞及經驗分享。
語文組 圖書欣賞	1.提供有關春天的圖畫書、風景圖片。 2.介紹圖書。 3.閱讀圖畫書。 4.發表閱讀心得。

活動四：大自然的聲音

科學組 他們在哪裡？	1.在林間聽鳥、風等自然聲並觀賞景物。 2.聽錄音帶聲音找圖卡。 3.圖卡分類。 4.從風景圖圖中找出發聲的位置。 5.操作遠近、整體與部份拼圖。 6.經驗分享。
音樂組 春的旋律	1.準備音樂帶、節奏樂器、節奏卡。 2.看節奏卡，拍節奏。 3.聽節奏找節奏卡。 4.組合小節奏卡，拍節奏。 5.創作語文節奏，你創作我模仿。
語文組 嘟嘟小車	1.張貼花車造型兒歌圖。 2.進行讀兒歌、認字遊戲、找相同的字、分組句讀。 3.字卡配對接龍、圖卡、字卡配對。 4.創意聯想。

活動五：美麗的春天

語文組 好長的圖畫書	1.討論春天的景物。 2.進行記事圖畫活動。 3.集每個人的作品成一本圖畫書。 4.經驗分享。	
扮演組 熱鬧的春天	1.陳列自製佈景、道具。 2.說故事，複述故事並討論內容及情節。 3.布置劇情、情境。 4.依情節角色排練，並安排出場順序。 5.小組表演。	
工作組 色彩遊戲	1.蒐集各色花朵。 2.顏色分類。 3.搗花汁。 4.染色創作。 5.造型剪貼，集體創作。	

單元名稱：昆蟲世界

班　別：中班	人數：30人	活動時間：二週

設計者：張蘭族、陳曉齡、周澤芳、劉積芬、柯谷蘭、呂碧玉、康錦玲、張素珍、蔡美端

教學目標

一、認識著天常見的昆蟲。
二、瞭解昆蟲與人類生活的關係。
三、增進觀察與飼養的方法。
四、學習利用各種素材創作昆蟲造形。
五、養成愛護動物的好習慣。

活動主題與綱要

活動一【六腳小昆蟲】—參觀昆蟲館及花園，並經由飼養活動認識常見的昆蟲。
活動二【奇妙的家族】—圖卡、圖片配對，介紹昆蟲生態成長，扮演其家族關係。
活動三【一對小雷達】—利用影片欣賞討論昆蟲特徵，進行趣味遊戲。
活動四【可愛的小東西】—展示圖片提供素材，設計昆蟲造型。
活動五【誰的本領大】—經角色扮演學習愛護動物的態度與方法。

活動項目	活動目標	活動內容與過程	教學資源	教學評量
活動一：六腳小昆蟲	能遵守參觀規則。 會比較昆蟲館與生態園的不同。	壹、引起動機 展示昆蟲標本及圖片。 貳、團體活動 一、參觀 1.昆蟲館或昆蟲標本。 2.走進花草及昆蟲生態園。 3.飼養：各種常見昆蟲。 二、討論 1.昆蟲館和生態園所見有何不同？ 2.常見的昆蟲（蝴蝶、蜜蜂、螞蟻、蚊子、蒼蠅、瓢蟲……等）。 3.最喜歡的小昆蟲是什麼？為什麼？	昆蟲標本及圖片	能遵守參觀規則。 能說出一種昆蟲館及生態園不同。

活動目標	活動內容	教具	評量
專心欣賞幻燈片。	壹、引起動機 　幻燈片欣賞—昆蟲世界	昆蟲幻燈片、幻燈機	會專心欣賞昆蟲幻燈片。
會設計昆蟲造型。	參、分組活動 　一、科學組—強棒出擊 　二、工作組—可愛小昆蟲 　三、益智組—拼拼湊湊 肆、學習區 　一、科學區—小小金頭腦 　二、益智區—操作真有趣 　三、語文區—美麗的春天 　四、工作區—工作真快樂 　五、音樂區—飛舞的音符 　六、體能區—欣欣向榮 　七、積木區—歡迎到花園來 　八、娃娃扮演區—昆蟲家族 伍、分享活動 　一、經驗統整。 　二、收拾整理。	各種動物圖卡 紙黏土 各種昆蟲拼圖	會設計六隻腳的昆蟲。

| 活動二：奇妙的家族 | 會說出昆蟲成長的過程。
角色扮演昆蟲媽媽。 | 貳、團體活動
一、討論
　（一）幻燈片中有哪些昆蟲？
　（二）簡述昆蟲成長的變化。
二、說故事—昆蟲找媽媽。
三、角色扮演
　（一）角色分配。
　（二）進行扮演活動。
參、分組活動
一、扮演組—我長大了
二、語文組—小小演說家
三、科學組—快樂的一生
肆、學習區
如活動一的情境布置，可採混班或混齡學習活動。 | 故事圖
扮演道具

扮演道具
小篇連環圖片與昆蟲的幼蟲圖卡、昆蟲生活動圖，昆蟲成長過程圖卡 | 能簡單說出一種昆蟲成長的過程。
能勝任所扮演的角色。 |

能熱心參與討論活動。

各式昆蟲觸角頭套、昆蟲幻燈片、幻燈機

昆蟲頭套

毛根線、鈴鐺、各種紙、白膠、樹枝、樹葉、圖卡、兒歌、字卡

伍、分享活動
一、唸兒歌—蝴蝶
二、經驗統整。
三、收拾活動。

壹、引起動機
一、準備各式觸角頭套。
二、欣賞昆蟲幻燈片。

貳、團體活動
一、討論
(一)昆蟲觸角的功能。
(二)觸角的種類。
二、遊戲—好朋友在那裏?
參、分組活動
一、工作組—小小雷達
二、語文組—毛毛蟲變!變!變!

熱心的參與討論。

活動三：小小雷達

肆、學習區
如活動一的情境布置，可採混班或混齡學習活動。
伍、分享活動
一、以團結力量大的體能活動統整經驗。
二、收拾整理。

造花、（蜜蜂、蝴蝶、螞蟻裝飾）服飾、豆。

能主動的參與遊戲。

能開心參與遊戲。

活動四：可愛的小東西

壹、引起動機
一、展示各種昆蟲標本、圖片。
二、提供各式美勞素材及用具。

貳、團體活動
一、欣賞與發表
(一)欣賞昆蟲標本及圖片。

昆蟲標本及圖片
養樂多瓶、紙黏土、免洗湯匙、色紙、玻璃紙、色紙、衛生紙、豆子

目標	內容	教學資源	目標
能說出自己喜愛的一種昆蟲的名稱。	(二)發表自己喜愛的小昆蟲。		能說出喜愛的動物名稱。
能將昆蟲的特徵表現在作品上。	二、介紹美勞素材。 三、進行創意美勞立體工：小昆蟲造形設計。		能表現出昆蟲的特徵。
會模仿昆蟲做肢體創作。	參、分組活動 一、體能組—各展雄姿	錄音機、錄音帶	會模仿昆蟲特徵做肢體創作。
	二、音樂組—昆蟲樂會	錄音機、錄音帶、打擊樂器	
	三、益智組—數數小蟲兒 四、工作組—鑲工	陳列昆蟲圖卡 豆子、蓮草、樹葉、圖畫紙、色紙、白膠	
	肆、學習區 如活動一的情境布置，可採混班或混齡學習活動。		

活動五：誰的本領大	能簡述故事情節。 會創作家園。	伍、分享活動 　一、經驗統整。 　二、唱遊—小小昆蟲音樂會。 　三、收拾整理。 壹、引起動機 　提供扮演道具。 貳、團體活動 　一、說故事—誰的本領大 　二、討論：故事內容。 　三、角色扮演。 　　(一)角色分配。 　　(二)角色扮演活動。 參、分組活動 　一、語文組—圖書欣賞 　二、工作組—甜蜜的家園 　三、積木組—好地方	昆蟲的觸角 故事圖 錄音機、錄音帶 有關可愛昆蟲圖書 各種紙、白膠、剪刀、彩筆、大型積木、組合玩具	能說出故事的兩項重點。 能為昆蟲創作可愛的家園。

肆、學習區
如活動一的情境布置,可採
混班或混齡學習活動。

伍、分享活動
一、經驗統整。
二、戲劇扮演。

三、收拾整理。

能與他人合作
扮演。

能與他人分享
扮演的樂趣。

扮演道具、錄
音機、錄音帶

綜合學習評量表

項目內容	評　量　內　容	評量結果
認知發展	1.能正確說出三種昆蟲的名稱。	
	2.能說出昆蟲館和生態園的一種不同。	
	3.能排出一種昆蟲的成長過程。	
情意發展	1.能遵守參觀規則。	
	2.能快樂的參與活動。	
	3.能大方的介紹作品。	
技能發展	1.能完整拼出一種昆蟲拼圖。	
	2.能利用素材做兩種昆蟲的造型。	
	3.會模仿昆蟲做肢體創作。	
備註	1.符號表示：（☆）表現優良　（◎）表現良好　　　　　　　　（○）表現尚可　（△）尚需加強 2.空欄處教師可用文字敘述幼兒有關的發展與學習狀況。	

《兒歌》

蝴　蝶

作者：柯谷蘭

一個圓球眞奇妙
突然鑽出蟲一條
眨眨眼睛瞧一瞧
這個世界多美妙
讓我來這吃個飽
快快長大做個巢
平平安安睡個覺
大家快來瞧一瞧
蝴蝶展翅滿園繞

單元名稱：昆蟲世界　　　　活動方式：分組活動

適用年段：中班　　　　　　活動時間：30分

設計者：張衛族、陳晴鈴、周澤芳、劉積芬、柯含蘭

分組主題與綱要	
活動一	科學組【強棒出擊】—展示各種動物圖片及標本，進行昆蟲點名遊戲。 工作組【可愛小昆蟲】—觀察各種昆蟲標本，進行昆蟲造型設計。 益智組【拼拼湊湊】—提供各種動物圖卡，進行昆蟲拼圖活動。
活動二	扮演組【我長大了】—利用故事引導，扮演蝴蝶成長過程。 語文組【小小演說家】—看昆蟲圖片說故事。 科學組【快樂的一生】—提供各種昆蟲的幼蟲及成蟲圖片，按各種成長過程排序與生長園地圖配對。
活動三	工作組【小小雷達達】—運用各種素材製作昆蟲觸角頭套。 語文組【毛毛蟲變變變！】—聽兒歌錄音帶，進行兒歌圖卡配對。
活動四	體能組【各展雄姿】—討論昆蟲的特徵，進行模擬昆蟲的動作。 音樂組【昆蟲音樂會】—播放昆蟲樂曲，進行打擊樂器。 益智組【數數小昆蟲】—陳列昆蟲圖卡，進行分類並數數。 工作組【鑽工。】—提供各種豆小、蓪草、稻葉、紙、進行鑽畫。
活動五	語文組【圖書欣賞】—提供有關昆蟲的圖書及圖卡，進行閱讀圖書或昆蟲猜謎。 工作組【甜蜜的家園】—提供各種素材，進行設計昆蟲的家。 積木組【好玩的地方】—利用各種積木設計各種動物的家園。

分組活動的進行可依幼兒的興趣或學習能力的不同，適時安排興趣或能力分組。

活動一：六腳小昆蟲

活動項目	活動內容及過程
科學組 強棒出擊	1.展示各種動物圖片或標本。 2.遊戲一大點名。 3.找出小昆蟲。 4.進行活動：答對敲鼓、答錯打三角鐵。 5.分享遊戲的樂趣。
工作組 可愛小昆蟲	1.展示各種昆蟲標本及圖片。 2.選擇自己最喜愛的昆蟲。 3.進行為昆蟲設計造型。 4.作品欣賞。
益智組 拼拼湊湊	1.提供各種昆蟲拼圖。 2.可依能力選擇拼圖活動：各種難易不同的昆蟲拼圖（含自製拼圖、現成拼圖）。 3.分享遊戲的樂趣。

活動二：奇妙的家族

扮演組 我長大了	1.展示故事圖。 2.放故事錄音帶。 3.自選角色。 4.進行扮演活動。 5.分享扮演心得。
語文組 小小演說家	1.提供並展示有昆蟲的圖片、圖書及昆蟲偶、紙影偶等。 2.輪流進行看圖、文及偶來說故事。 3.演布偶戲。
科學組 快樂的一生	1.展示常見的昆蟲（瓢蟲、蚊子、蝴蝶、蠶寶寶）成長過程圖及昆蟲成長過程。 2.介紹常見的昆蟲成長過程。 3.進行配對活動 　(1)找尋昆蟲的家。 　(2)昆蟲的幼蟲與成蟲配對。 　(3)排出昆蟲的成長過程。 4.經驗分享及統整活動。

活動三：一對小雷達

工作組 小小雷達	1.發表與討論 (1)最喜歡的昆蟲是什麼？ (2)昆蟲的特徵在那？ (3)昆蟲是用什麼方式傳遞訊息。 2.進行創作 (1)提供半成品進行組合頭套。 (2)提供加貼線的圖案加以繪圖剪貼組合頭套。 (3)模型參考再提供素材進行創作頭套。 3.作品欣賞。	
語文組 毛毛蟲變變變	1.提供事先錄好的錄兒歌音帶及兒歌圖卡。 2.聽兒歌音帶。 3.聽錄音帶進行兒歌圖卡配對。	

活動四：可愛的小東西

體能組 各展雄姿	1.發表討論昆蟲的特徵。 2.發表自己最喜歡的昆蟲（並說出理由）。 3.進行模擬擬各種昆蟲的動作（獨自或二人以上合作）。
音樂組 昆蟲音樂會	1.播放昆蟲音樂會的歌曲錄音帶。 2.自選樂器（自製樂器）。 3.進行敲擊樂器。 4.共享活動的樂趣。
益智組 數數小蟲兒	1.布置昆蟲圖片。 2.可依形狀、大小、顏色、種類進行分類 (1)依大小分類並數數。 (2)依顏色分類並數數。 (3)依形狀分類並數數。 (4)依種類分類並數數。 3.經驗分享。
工作組 鏤工	1.提供各種豆類、通草、樹葉、石頭、瓜子殼、打孔機打出來的圓形紙、米粒等、圖畫紙、白膠、剪刀。 2.講解示範過程。 3.進行昆蟲造型創作。

活動五：誰的本領大

語文組 圖書欣賞	1.準備各種有關昆蟲的圖片、圖畫書、錄音帶等。 2.進行圖畫書看與聽的欣賞。 3.用耳機聽（昆蟲的錄音帶）。 4.昆蟲猜謎（圖卡透過肢體或口述進行）。
工作組 甜蜜的家園	1.提供各種材質（紙箱、報紙、毛根線、草、泥土、紙箱葉子）。 2.發表討論昆蟲的家。 3.進行製作昆蟲家（畫、剪、編、摺、搓、捏）。
積木組 好地方	1.提供各種不同的積木及組合玩具。 2.發表討論。 3.進行搭建昆蟲家園。

單元名稱：美麗的花園			
班　　別：小班　　人數：30人			活動時間：二週
設計者：周澤芳、曾璧明			
教學目標	一、認識花的名稱和特徵。 二、瞭解花和人類生活的關係。 三、學習栽種花卉的簡單方法。 四、養成愛護花草的好習慣。		
活動主題與綱要	活動一【美麗的花園】－參觀花店，認識春天的花。 活動二【青青草地】－觀賞影片，花卉和生活的關係。 活動三【花兒開了】－運用各種花材及積木設計小花園。 活動四【小小園丁】－栽種花的方法。 活動五【花草遊戲】－扮演遊戲，養成愛花草的習慣。		

活動項目	活動目標	活動內容與過程	教學資源	教學評量
活動一：美麗的花園	遵守參觀規則。	壹、引起動機 一、講解參觀規則。 二、展示各種盆栽及圖卡。	各種盆栽、圖卡	
	分辨花瓣的顏色。	貳、團體活動 一、參觀 (一)到鄰近的花店或社區公園。 二、討論 (一)看到那些花？ (二)最喜歡的花是什麼花？ (三)最大的花是什麼顏色？ (四)最小的花是什麼形狀？		能遵守參觀規則。 能說出一種自己最喜歡的花的顏色。
	能搭建創造意形積木	參、分組活動 一、積木組—小小花園	各種積木、組合玩具	能利用積木設計花園。

二、益智組—美麗的花井 三、工作組—小小花兒 肆、學習區 一、科學區—小小金頭腦 二、益智區—操作真有趣 三、語文區—美麗的春天 四、工作區—工作真快樂 五、音樂區—飛舞的音符 六、體能區—欣欣向榮 七、積木區—歡迎到花園來 八、娃娃扮演區—昆蟲家庭 伍、分享活動 一、經驗統整。 二、收拾整理。	落花、小盆花 常見的小花盆 景、各種紙類 、竹筷、白膠 、紙杯

活動11：青青草地

目標	活動過程	教學資源	評量
會踴躍發表。	壹、引起動機 　一、到校園草地上玩耍。 　二、展示青草地圖片。 貳、團體活動 　一、討論 　　(一)說說看在草地上的感覺？ 　　(二)在草地上可做什麼遊戲？	青草地圖片	能踴躍發表。
會正確地唱兒歌。	二、教唱兒歌—花兒真美麗	兒歌圖卡	能清楚的唱兒歌。
會用滾球做遊戲。	參、分組活動 　一、益智組—快樂草地 　二、體能組—球的遊戲 　三、語文組—圖書欣賞	各種風景圖片及遊戲圖片 球 有關春天的圖畫書	能用滾球方式傳球。
	肆、學習區 如活動一的情境布置，可採混班或混齡學習活動。		

活動名稱	活動目標	活動過程	教學資源	行為目標
活動三：花兒開了	能專心欣賞影片。 能自己製作花朵。	壹、引起動機 　展示各種鮮花、人造花。 貳、團體活動 　一、欣賞：（花兒開）卡通影帶。 　二、討論 　　(一)鮮花、人造花的比較？ 　　(二)花兒開了出現了哪些小動物？ 　　(三)在影片中最喜歡那朵花？ 參、分組活動 　一、音樂組―花兒朵朵開 　二、益智組―可愛的花 　三、工作組―揉揉捏捏 伍、分享活動： 　一、大家來唱兒歌。 　二、收拾整理。	各種鮮花、人造花 錄音帶、錄影機 風琴、打擊樂器 各種花卉圖片 紙黏土、油土	能專心欣賞影片。 能用紙黏土捏塑一朵花。

活動名稱	目標	活動過程	教學資源	評量
	喜歡參與歌唱表演。	肆、學習區 如活動一的情境布置，可採混班或混齡學習活動。 伍、分享活動 一、作品欣賞。 二、唱遊－花開了。 三、收拾整理。		會哼唱歌曲旋律。
活動四：小園丁	愉快發表。	壹、引起動機 在活動室裏布置各種美麗的花園圖片。 貳、團體活動 一、討論 (一)花園裡有什麼？ (二)種花的方法。 (三)介紹各種種植工具。 二、唱遊－蝶和花	花園圖片 鏟子、花種、盆子	能踴躍發表。

活動目標	活動名稱及過程	教具	評量
能主動參與種植方法。	參、分組活動 一、科學組—小園丁 二、語文組—聽聽說說 三、扮演組—蝶兒採花	各種種植工具、兒歌圖卡、錄音機、錄音帶 蝴蝶裝、頭套 錄音機、錄音帶	能愉快的種植。
樂於參與活動。	肆、學習區 如活動一的情境布置，可採混班或混齡學習活動。 伍、分享活動 一、大家來唱歌。 二、經驗統整。 三、收拾整理。	風琴	能主動且快樂的進行活動。
能自製道具。	壹、引起動機 在活動室中布置花仙子與賣花女故事圖片。 貳、團體活動 一、製作頭飾—撿拾落葉或花草。	故事圖片	能完成一件頭飾。

活動名稱	目標（左）	活動內容	教材教具	目標（右）
活動五：花草遊戲	能做花卉與顏色配對。 會主動收拾。	二、故事—花仙子。 三、角色扮演 (一)簡述故事內容。 (二)角色分配。 (三)進行扮演活動。 參、分組活動 一、益智組—花花世界 二、工作組—美麗的項鍊 三、語文組—故事欣賞 肆、學習區 如活動一的情境布置，可採 混班或混齡學習活動。 伍、分享活動 一、經驗統整 二、分享扮演的樂趣。 三、收拾整理。	扮演道具 各種花卉、各國、色卡（依花卉大小及顏色裁定） 落花、線 錄音機、故事錄音帶	能正確的將花卉與圖卡配對。 能主動收拾。

綜合學習評量表

項目內容	評　量　內　容	評量結果
認知發展	1.能說出花的顏色。	
	2.能說出花的形狀。	
	3.能正確的將花卉圖卡配對。	
情意發展	1.能遵守參觀規則。	
	2.能主動愉快的參與活動。	
	3.會主動收拾。	
技能發展	1.能獨立製作一朵花。	
	2.能利用積木設計花園。	
	3.能勝任角色扮演。	
備註	1.符號表示：（☆）表現優良　（◎）表現良好　（○）表現尚可　（△）尚需加強 2.教師可於空欄處描述有關幼兒的發展學習狀況。	

單元名稱：美麗的花園	活動方式：分組活動	
適用年段：小班	活動時間：30分	
設計者：周澤芳、曾璧明		
分組主題與綱要	活動一	積木組【小小花園】—運用各種積木搭建花園。 益智組【美麗的花卉】—數一數一數花兒有幾片花瓣。 工作組【小小花兒】—提供素材進行花兒造型設計。
	活動二	益智組【快樂草地】—運用各種風景圖貼示各種遊戲圖案。 體能組【球的遊戲】—在草地上玩球類的遊戲。 語文組【圖書欣賞】—提供各種與春天有關的圖畫書。
	活動三	音樂組【花兒開了】—依歌曲的旋律打擊樂器。 益智組【可愛的花】—提供各種花卉圖片進行分類遊戲。 工作組【揉揉捏捏】—提供紙黏土、油土，進行捏塑設計花朵造型。
	活動四	科學組【小園丁】—提供花苗進行種植活動。 語文組【聽聽說說】—聽兒歌錄音帶，進行圖卡配對。 扮演組【蝶兒採花】—播放音樂進行探花遊戲。
	活動五	益智組【花花世界】—運用各種花卉及色卡（依花卉的大小及顏色裁定）進行配對遊戲。 工作組【美麗的項鍊】—採集落花做穿花活動設計項鍊。 語文組【故事欣賞】—聽故事錄音帶。
分組活動的進行可依幼兒的興趣或學習智能力的不同，適時安排興趣或能力分組。		

活動項目	活動內容及過程
活動一：美麗的花園	
積木組　小小花園	1.活動室貼示各種花園圖片。 2.提供各種積木及組合玩具。 3.自由搭建各種花園造型。 4.作品欣賞。
益智組　美麗的花卉	1.將蒐集的花朵進行分類。 2.數數有幾朵花、幾種花、幾種顏色、有幾片花瓣。 3.經驗分享。
工作組　小小花兒	1.提供各種常見的花朵、各種紙、各種月曆。 2.示範講解製作過程。 3.進行設計活動。 4.經驗分享與作品欣賞。

活動二：青青草地

益智組
快樂草地

1.遊戲前於室外先布置（寶藏）。
2.介紹遊戲規則。
3.進行尋寶活動。
4.發表尋寶的樂趣。
5.分享找的寶物。

體能組
球的遊戲

1.提供大小不同的球數個。
2.講解傳球的方式，頭上傳接、腳下傳球等活動。
3.進行傳球、滾球遊戲。
4.分享遊戲的樂趣。

語文組
圖書欣賞

1.提供有關春天的圖畫書。
2.自由選擇圖書。
3.進行圖書欣賞。
4.分享圖畫中的內容。

活動三：花兒開了		
音樂組 花兒朵朵開	1.教唱單元歌一花兒開了。 2.依旋律手打拍子。 3.依歌曲的旋律打擊樂器。 4.分享打擊樂器的快樂。	
益智組 可愛的花	1.提供各種花卉圖片。 2.依能力進行分類遊戲。 　(1)大小的分類。 　(2)顏色的分類。 3.經驗分享。	
工作組 捏捏塑塑	1.展示各種人造花、鮮花。 2.提供紙黏土、油土。 3.講解製作過程。 4.進行捏塑創作花朵造型。 5.作品欣賞。	

活動四：小小園丁

科學組 小園丁	1.提供小樹苗、鏟子、澆花器。 2.講解種植的注意事項。 3.進行種植活動。
語文組 聽聽說說	1.播放兒歌錄音帶。 2.進行圖卡配對。 3.經驗分享。
扮演組 蝶兒探花	1.提供花蝴蝶頭套。 2.討論角色分配。 3.播放音樂。 4.進行探花遊戲。 5.分享遊戲的樂趣。

活動五	益智組 花花世界	1.運用各種花卉及色卡圖片。 2.進行下列活動 　(1)花卉與色卡的顏色配對。 　(2)花卉與色卡大小配對。 　(3)花卉與色卡大小、顏色配對。 3.經驗分享。	
	工作組 美麗的項鍊	1.採集各種落花。 2.講解製作過程。 3.進行穿花遊戲作項鍊。 4.作品欣賞及經驗分享。	
	語文組 故事欣賞	1.提供有關春天的有聲故事圖畫書、圖片等。 2.自行收聽故事帶。 3.看圖聽故事。	

單元名稱：歡迎春天	活動方式：學習區活動
學 習 區：科學區	活動主題：小小金頭腦
設 計 者：呂碧玉	

活動目標	一、喜歡參與種植活動。 二、學習愛護昆蟲。 三、專心觀察昆蟲。	活動評量	一、能從揭示洞中分辨昆蟲，並取卡做配對。 二、能主動參與種植活動。 三、會正確的飼養昆蟲。
活動內容	1.小花園— 觀賞各種應時的盆景。以各種方式種植、進行植物栽培。 2.誰的朋友— 以花朵卡進行大小、顏色、種類分類，花、記憶翻卡配對。葉的配對。 3.它們在哪裡？— 採集小草、小花搗花汁、葉汁、小松果排一排。 4.可愛小昆蟲— 觀賞並飼養小昆蟲、昆蟲卡進行大小順序排列、排列昆蟲成長順序圖卡、用揭示洞觀察昆蟲型態，蝴蝶線上飛。 5.嚐一嚐— 品嚐各種果汁後黏貼水果貼紙。	情境布置	1.應時盆景、種子、接枝、移植過程圖、種植材料、澆水器、除草籃。 2.大小花朵、各種花朵卡、各色花朵卡二份、葉子標本卡。 3.小瓶子、風景圖卡、搗花器、花、葉、不同大小松果10個、10格盒子。 4.昆蟲及飼養箱、放大鏡、昆蟲成長順序圖卡、昆蟲圖卡、揭示板洞、彩色筆、剪刀、卡紙、棉線、製作過程圖。 5.水果圖卡、果汁、水果貼紙、湯匙、小杯子。
備註	幼兒不依學習區主題進行活動是被允許的，但請老師紀錄孩子的活動情形。		

單元名稱：歡迎春天		活動方式：學習區活動
學　習　區：益智區		活動主題：和春天做遊戲
設　計　者：康錦玲		
活動目標	一、依圖示規則進行遊戲。 二、學習正確操作技巧。 三、會收拾整理。	活動內容	一、能依圖示規則進行活動。 二、能專心操作技巧。 三、會將用品歸回原位。
活動內容	1.青青草地— 　風景圖上貼放各種遊戲圖卡、釣昆蟲圖卡找草地風景圖中之昆蟲影子做對應，抽卡後依圖卡昆蟲玩釣竿遊戲。 2.花朵真美麗— 　以花瓣圖卡進行大小、顏色、分類，花卉圖卡與色卡配對。 3.昆蟲捉迷藏— 　花園景中放各種昆蟲卡、昆蟲圖卡、分類序列。 4.拼拼湊湊— 　拼圖遊戲、以釣竿釣各種蝴蝶翅膀與影子配對。 5.春天來了— 　依骰子顏色、數字排放春天景物，操作整體與部份圖卡，種子與水果圖卡配對。	情 境 布 置	1.風景圖遊戲圖卡、草地風景圖上貼昆蟲影子、昆蟲圖卡釣竿。 2.大小、顏色、花瓣圖卡、各色花卉圖卡、序列圖表。 3.花園景、昆蟲圖卡、昆蟲圖卡、序列圖表。 4.六、八、十二片各種昆蟲拼圖、釣竿、大小蝴蝶圖卡、影子圖表或昆蟲圖卡表。 5.花、葉圖卡、樹幹圖、小昆蟲模型、骰子、整體與部份圖卡、種子、水果圖卡。
備註	幼兒不依學習區主題進行活動是被允許的，但請老師紀錄孩子的活動情形。		

單元名稱：歡迎春天		活動方式：學習區活動	
學 習 區：語文區		活動主題：美麗的春天	
設 計 者：蔡美端			
活動目標	一、能專心聽故事錄音帶。 二、會正確進行圖卡與文字卡的配對。 三、能大方表演紙偶遊戲。	活動評量	一、會安靜的聽故事。 二、能正確進行圖文配對。 三、喜歡與人玩紙偶遊戲。
活動內容	1.看圖說話— 　(1)小小演說家。 　(2)你看到什麼？ 2.看故事書、聽故事帶。 3.文字圖卡配對遊戲— 　(1)圖卡與文字拼成對。 　(2)兒歌海報插字。 4.偶劇表演— 　(1)猴子與螃蟹。 　(2)誰的本領大。	情境布置	1.花草、昆蟲圖片。 2.巨人的花園、五顆小豌豆，有關春天的故事書；以及老爺爺和風姊姊、我長大了、花仙子的錄音帶。 3.植物、昆蟲、自然（圖卡及字卡）。 4.布偶台、（猴子、螃蟹）紙偶、各類昆蟲紙偶。
備註	幼兒不依學習區主題進行活動是被允許的，但請老師紀錄孩子的活動情形。		

單元名稱：歡迎春天		活動方式：學習區活動	
學　習　區：語文區		活動主題：工作真快樂	
設　計　者：康錦玲			
活動目標	一、自行選擇工作項目進行活動。 二、使用各種工具用品，進行創作。 三、將物品歸回原位。	活動評量	一、會選擇自己喜歡的活動項目。 二、會使用各種工具用品。 三、能收拾工具和材料。
活動內容	1.彩色花朵— 　撕貼畫花型、以素材進行花兒造型創作，以玻璃紙、卡紙製作花朵，設計裝飾花朵造型。 2.美麗的花園— 　操作昆蟲圖卡於花園風景園中，指印畫：最喜歡的昆蟲與蝴蝶。 3.動動手— 　利用各種素材進行創作昆蟲、花草造型及製作花環。 4.小雷達— 　製作觸角頭套。	情境布置	1.彩色筆、色紙、圖畫紙、膠水、臘光紙、筷子、膠帶、製作過程圖紗遮草、白膠、紙盤、毛線、玻璃紙、卡紙。 2.風景圖、打印臺、廣告顏料、色盤。 3.紙黏土、油土、陶土、麵糰、吸管、色紙、釣魚線。 4.鈴鐺、卡紙、膠帶、吸管、釘書機、釘書針。
備註	幼兒不依學習區主題進行活動是被允許的，但請老師紀錄孩子的活動情形。		

單元名稱：歡迎春天		活動方式：學習區活動	
學　習　區：音樂區		活動主題：飛舞的音符	
設　計　者：張素珍、許欄香			
活動目標	一、會分辨音樂的節拍。 二、能熟悉音樂的節奏。 三、會隨音樂畫出音程。 四、能感受音樂的感情。	活動評量	一、能用樂器隨音樂作二拍 　　、四拍的數拍子。 二、會以肢體隨音樂節奏敲 　　打樂器或作表演。 三、能快樂地與同儕欣賞樂 　　曲。
活動內容	1.美麗的花— 　(1)配對。 　(2)數拍子。 2.蝴蝶飛飛飛！— 　戴上頭套隨音樂飛舞。 3.大家來演奏— 　播放有關昆蟲的曲子，自 　由選擇樂器，隨著節奏敲 　打。 4.跳躍音符— 　地上擺置節奏圖卡、音符 　卡，隨著音樂跳躍。 5.高低快慢— 　聽音樂時，能隨著音程的 　高低、快慢來畫畫。	情境布置	1.各種不同的顏色的花、音 　符卡。 2.花和蝴蝶頭套、圖片、錄 　音帶、響板、手搖鈴、自 　製樂器。 3.錄音機、錄音帶、響板、 　手搖鈴、自製樂器 4.節奏圖卡、音符卡。 5.各種民俗錄音帶、耳機、 　錄音機、圖書紙、彩色 　筆。
備註	幼兒不依學習區主題進行活動是被允許的，但請老師紀錄孩子的活動情形。		

<table>
<tr><td colspan="2">單元名稱：歡迎春天</td><td colspan="2">活動方式：學習區活動</td></tr>
<tr><td colspan="2">學 習 區：體能區</td><td colspan="2">活動主題：欣欣向榮</td></tr>
<tr><td colspan="4">設 計 者：張素珍、許欄香</td></tr>
<tr><td>活動目標</td><td>一、增進平衡能力。
二、發展敏捷力。
三、加強手眼協調能力。</td><td>活動評量</td><td>一、會完成平衡活動。
二、會正確進行手眼協調。
三、能在預定時間內完成活動。</td></tr>
<tr><td>活動內容</td><td>1.花兒朵朵開—
小布球投擲於喇叭口，數布球花之多寡。
2.快樂小天使—
自由取扇、穿梭跳躍於平衡木板上。
3.百合花開了—
自由穿越鑽籠後在格子內跳繩。
4.錦上添花—
自由以單腳和雙腳跳入盆栽區內，取出毽子自由踢和擲。</td><td>情境布置</td><td>1.花布球、擲球網。
2.各種不同的紙扇、平衡木、平衡板、錄音帶、錄音機。
3.鑽籠、繩子數條、畫方格、錄音機、錄音帶。
4.盆栽數棵、毽子（有線及無線）。</td></tr>
<tr><td>備註</td><td colspan="3">幼兒不依學習區主題進行活動是被允許的，但請老師紀錄孩子的活動情形。</td></tr>
</table>

單元名稱：歡迎春天		活動方式：學習區活動
學　習　區：積木區		活動主題：歡迎到花園來
設　計　者：呂碧玉		
活動目標	一、主動參與活動。 二、與人共同合作進行建構活動。 三、體驗創作的樂趣。	活動評量	一、會自選材料進行建構活動。 二、能與伙伴溝通協調搭建花園。 三、能欣賞並介紹作品。
活動內容	1.美麗的花朵— 　利用各種有色的積木拼湊各種不同顏色的花朵。 2.美麗的花園— 　以各種積木搭建花園及陽臺棚架。 3.生態園—組合各種昆蟲造型，設於花園中。 4.大昆蟲— 　以積木拼構昆蟲造型。	情境布置	1.各種有色積木。 2.各種積木、花朵作品、大型積木、組合玩具。 3.昆蟲造型、各種積木。 4.各式積木。
備註	幼兒不依學習區主題進行活動是被允許的，但請老師紀錄孩子的活動情形。		

單元名稱：歡迎春天		活動方式：學習區活動
學　習　區：娃娃家扮演區		活動主題：昆蟲家族
設　計　者：蔡美端		
活動目標	一、能選擇扮演角色。 二、能主動參與扮演活動。 三、會與他人互助合作。	活動評量	一、能將角色的特徵扮演出來。 二、會模仿昆蟲的動作表情。 三、能和他人互助合作。
活動內容	1.蜜蜂的家— 　利用紙箱組合，分三區搭建自己的舞臺：蜂窩、花叢、青草地。 2.裝扮活動— 　自行選擇扮演角色。 3.故事接龍— 　昆蟲家庭中引導出昆蟲習性。 4.大家來演戲— 　各種角色互動：採蜜、訪友、退敵。	情境布置	1.大型積木、人造花、綠色海棉墊、樹枝、花盆景、春天景色背景圖。 2.各種昆蟲頭套及服飾。 3.故事圖。 4.各種昆蟲頭套、蜂窩、綠色海棉墊、人造花。
備註	幼兒不依學習區主題進行活動是被允許的，但請老師紀錄孩子的活動情形。		

學習區	科　學　區	紀錄者			學習區	益　智　區	紀錄者	
主　題	小小金頭腦	日　期			主　題	和春天作遊戲	日　期	
評　量　內　容			評量結果		評　量　內　容			評量結果
1.能揭示洞中分辨昆蟲，並取卡做配對。					1.能依圖示規則進行活動。			
					2.能專心操作技巧。			
2.能主動參與種植活動。					3.會將用品歸回原位。			
3.能正確的飼養昆蟲。								

學習區	語　文　區	紀錄者			學習區	工　作　區	紀錄者	
主　題	美麗的春天	日　期			主　題	工作真快樂	日　期	
評　量　內　容			評量結果		評　量　內　容			評量結果
1.會安靜的聽故事。					1.會選擇自己喜歡的活動項目。			
2.能正確進行圖文配對。								
3.喜歡與人玩紙偶遊戲。					2.會使用各種工具用品。			
					3.能收拾工具和材料。			

符號表示：（☆）表現優良　（◎）表現良好
（○）表現尚可　（△）尚需加強
註：遇特殊情況教師可以文字加以說明。

學習區	音　樂　區	紀錄者	
主　題	飛舞的音符	日　期	
評　　量　　內　　容			評量 結果
1.能用樂器隨音樂數二拍、四拍的拍子。			
2.能以肢體隨音樂節奏敲打樂器或作表演。			
3.能快樂地與同儕欣賞樂曲。			

學習區	體　能　區	紀錄者	
主　題	欣欣向榮	日　期	
評　　量　　內　　容			評量 結果
1.能完成平衡活動。			
2.會正確進行手眼協調活動。			
3.能在預定時間內完成活動。			

學習區	積　木　區	紀錄者	
主　題	歡迎到花園來	日　期	
評　　量　　內　　容			評量 結果
1.會自選材料進行建構活動。			
2.能與伙伴溝通協調搭建花園。			
3.能欣賞並介紹作品。			

學習區	娃娃扮演區	紀錄者	
主　題	昆蟲家族	日　期	
評　　量　　內　　容			評量 結果
1.能將角色的特徵扮演出來。			
2.能模仿昆蟲之動作表情。			
3.能和他人互合作。			

符號表示：（☆）表現優良　（◎）表現良好
（○）表現尚可　（△）尚需加強
註：遇特殊情況教師可以文字加以說明。

第三節　開放式幼兒活動設計之評析

不論是傳統課程理論或是目前發展中的幼稚園課程活動設計，事實上都尚在「造型」的階段，因為到目前為止，尚沒有一個普遍被接受和明確系統的課程理論與設計的標準。

儘管課程與活動的理論或從「實用主義」著手，或從「存在哲學」的立場論述而眾說紛云，不過一個完整課程的設計必須包括：認知、情意、動作技能等內容，教師必須扮演幼兒學習動機的促動者、把學習的權利交給幼兒、布置一個開放、溫暖的學習情境，以及採用生動活潑的教學方法，却是大家都有的共識。下面說明本活動設計的特色並加以評析。

壹、活動計畫與安排

活動計畫是一個過程，與活動的實施緊密結合，它包括「活動主題」的選擇與活動的安排與進行。

一、主題的選擇

本研究採單元活動設計之主題方式，為使活動深入而不致鬆散，一單元大約安排兩週的活動時間，不過它的時間長短，仍需視幼兒的興趣而調整。主題的選擇以「幼兒生活」為中心，從幼兒的生活經驗、自我的認識與發展開始，包括家庭的認識、幼稚園的適應、社區與世界的了解和關心、自然界（四季）現象的探

討以及未來意識的培養（消費、科技文明、生態與問題與態度）
。每一個主題的學習均涵蓋認知、情意與動作技能三方面。從整
個教育的大環境看來，「認知掛帥」雖一直爲國人詬病，但認知
學習畢竟仍是教育內容中的重要部分。幼稚園的認知學習端在其
是否與幼兒的發展配合以及教學方法是否適當，揠苗助長的灌輸
以及塡鴨知識，當然是不被應允的。

　　內發性動機的引發是成功教學活動所不可或缺的一部分，桑
代克（E. L. Thorndike）、布魯納（J. S. Bruner）及蓋聶（
R. M. Gagne）等幾位心理學家實驗的結果，認爲學習動機強的
兒童，在學習結果的表現上，比缺乏動機的小孩來得優越。高富
（H. G. Gough）研究二者的相關達，52，可見學習動機對學業
的影響，與智力等量齊觀。（註卅九）因此，本研究強調循序漸
進的啓發教學與學習區個別學習的輔導。鑑於夏山學校知性教育
的忽略，（註四十）學生愛不愛上課悉聽尊便的過於自由，以及
這種方式「移植」到台灣的可能性與必要性仍有待斟酌。因此，
本研究在活動內容的安排上是強調情意教育，但並不忽略幼兒階
段應習的知能，期以培養一個五育均能發展的幼兒。

　　在認知取向部分，筆者採布魯納「學科結構」（the Struc-
ture of disciplines）的方式，重新以概念化來組織教材，由心
理到論理組織，運用類比原則（Principle of appreception）
由近及遠、從具體到抽象、以舊經驗爲基礎發展到新經驗，大、
中、小班九十個活動主題及內容，即是在這樣的原則下發展而成
。其次，在實體取向方面，重視幼兒個別差異及社會性等因素對
活動設計的影響，因此，地方性特色及活動保有相當的彈性，尤
其在幼兒動作性發展及技能性的學習方面。此外，在情意取向方

面，興趣的試探與擴展、態度的養成以及價值的建立等潛在課程，都是在設計活動內容時應被考慮的重點。

二、活動的安排

為確實落實我國幼稚園課程標準中教學型態的規定，此次實驗除自由活動、戶外教學外，一方面則保留我國多年來的團體教學，另一方面則採取夏山等開放學校的小組及學習區個別化的學習方式。

㈠團體活動

著重在教師對全班幼兒做單元內容基本知識的傳授，可經由師生的情境布置、團體討論、影片觀賞、戲劇扮演或參觀等活動。團體活動是屬於「結構式」課程，是師生互動之前，教師依教育宗旨、幼兒教育目標、社會與時令之需以及一般幼兒的興趣、愛好所做的計畫課程。這種課程被分成幾個連續段落的學習。結構的活動中，有動態、靜態與室內、戶外等方式。安排這種活動在使幼兒獲得基本知、動能力以及待人處群的情意態度。

㈡分組活動

教師將全班幼兒依學習內容或幼兒興趣編成小組，以小團體方式進行教與學的活動。分組是屬於「半結構式」的活動方式，安排的組別中有的只是讓幼兒精熟學習，有的是加深加廣團體教學的不足，更有的只是為了方便指導學習，因為團體教學是不易注意到幼兒的個別差異而因材施教的。協同教學（Team teaching）的優點，有時也在分組教學中被加以應用。

㈢學習區活動

學習區個別化活動是夏山學校及一般開放學校中的學習特色

，這是爲落實因教施教的理想所安排的一種學習方式，可以彌補團體與分組教學之不足。幼兒天生的種種氣質都有其個別差異。例如：規律性的有無、活動量的大小、注意力的集散、趨避性的強弱、適應力的快慢、堅持度的久暫及情緒的喜怒哀樂等。因此，本研究採發現學習之長處，在活動室布置配合主動主題的學習區。礙於國小教室改變成幼稚園活動室（公立幼稚園）的不夠寬敞，以及私立幼稚園土地取得之不易，每班活動室只配合單元布置一、二個大學習區。另外，每天安排一個小時左右混班（公立）、混齡（私立）的學習區個別化學習活動。三年來的研究結果發現：學習區的活動往往是幼兒們的「最愛」，因爲它提供了更多社會化的成長與互動機會。

混班與混齡的活動，除了解決幼稚園經費不足的問題外（不須每班買相同的教具、玩具），教師們也有了專長的發揮，加上幼教系課程中分組選修課程，以及教育局專題研習的配合，教師除了幼教知識的具備外，有了專長的修習，如此或多或只解決了某些課程因不專精導致幼稚園外求沒修習幼教學分的「科任」或「才藝」教師。此外，幼稚園的老師都變成了每位孩子的老師（學習區係幼兒自由選擇），全校師生互動倍感溫馨。幼兒的學習不僅接觸了自己原班老師，同時也接受學有專長學習區老師的指導，單元基本知識具備，同時也可以讓自己的興趣發揮，更重要的這種學習區活動不再只是聽課而已，它必須動手以求知（Learning by playing），正符合皮亞傑感覺動作期及運思前期幼兒發展的教學任務。

每一單元活動包括：教學目標、教學資源和教學評量。教學目標必須涵蓋主學習、副學習與輔學習三方面，亦應注意認知、

情意與動作技能的統整。活動綱要兼顧活動主題與內容，與教學目標緊密結合。活動目標在認知、動作與技能方面用行為目標敍寫，情意部份則不一定用行為目標的具體表示。整個的活動過程，必須考量其是否包括：準備活動、發展活動與綜合活動；適時安排團體、分組或個別化學習方式。健康、語文、音樂、工作、常識、遊戲六課程是否統整化。室內、戶外和靜、動態安排是否合宜，都必須一併被妥當的計畫與安排。最後，每個活動在進行以及結束，形成性評量、總結性評量和問題診斷評量也都必須隨時進行。「評量」是開放教育的精神所在，它使教育內容不斷的修正，幼兒也在不斷的成長之中。

貳、學習情境布置

夏山學校校園宛若一夏令營，其旨在使兒童快樂的學習，並與日常生活打成一片。夏山以大自然、社會以及世界作為兒童學習的大環境，這種環境的目的，在減少權威，重視學習的發現與群體的分享。本研究採開放式的學習區布置，重在啓發與鼓勵幼兒主動學習及發現，其情境布置要點如下：

一、開放教室的設備

開放教室中沒有固定的桌椅安排，目的在便於幼兒走動及進行個人或小組的學習活動；在各種學習區裡幼兒可以進行獨立自主的個別化學習。

二、心理及社會環境

教室中的心理與社會環境構成了教與學的經驗整體，這種環境對幼兒的學習活動有著莫大的影響。它發展了一個健康而樂學的環境，彼此分享學習經驗，增進師生間情誼的情境。

三、教材與資源的布置

教材與資源儘可能放置在幼兒容易拿取與操作的地方。無論自製、購買或家長、社會資源，都與幼兒的生活經驗有關，隨時依活動主題更換布置，引發幼兒的好奇心與自發性的學習。

我國幼稚園的空間往往不是很大，尤其是寸土寸金的台北市，加上一般經營者對教室常有一種傳統的堅持，以為教室一定要安排桌椅，於是空間更形狹窄。此外，有些幼稚園在開放情境後，教具、玩具稍被破壞即束之高閣或上鎖成樣品。教師們似乎缺乏如何教導幼兒愛物、惜物的方法，反正「鎖」起來就不會被破壞。此種態度是目前實施開放式幼兒活動設計時的一大阻力，在下面「教師角色」時再詳加說明。

參、教師角色

開放教育的老師，角色由權威管理者、學習主宰者，轉變成諮商者、學習催化者、資源專家以及學習的診斷者。她的角色如下：

　　1.安排吸引幼兒的學習環境，使幼兒自行探索，了解每個孩子並適時給予協助。

2.開放教育的教師要機警、熱忱有耐心，隨時幫助幼兒解決偶發事件。

3.協助幼兒了解自己和學習，並讓他更獨立自主。

4.點燃幼兒的學習火花，提供教材資源，刺激幼兒學習與思考領域。

5.教師要引導幼兒知道如何學習，強調個人自由學習的責任與意義。

6.不斷的自我成長與自我充實。

研究之初，發現在教師基本能力評量中（附錄五），教師專業知能並不十分充足。譬如：設計、教室管理、環境布置以及評量等項目，無論自評或他評（園長或主任）五、六分者居半（滿分十分）。此外，公立園長的更換與教師的異動都是推展此項研究工作的困難之處。幼稚園教師在教學上的關注層面（dimension）仍如弗勒（F. f. Fuller）所言：大都數幼稚園教師傾向於第一階段的自我關注（Self-concerns）與第二階段教學任務的關注（Task-concerns），至於第三階段學生學習影響關注（Impact-concerns）中有關學生學習問題、社會發展及情緒的需要等則少關注。這和筆者所指導師大家政研究所研究生黃秀鳳所作「幼稚園教師教學關注之研究」有相似的結果。（註四十一）弗勒以為第一階段的關注沒解決，第三階的關注是不會產生的。（註四十二）雖然，教師關注發展不是絕對固定的單向發展，時有重疊或因個人特質、環境因素有密切關係，然而教師關注的喚起（arusal）與解決（resolution），却是幫助教師達到成熟關注期的不二法門。（註四十三）弗勒進一步說明此二者的意義，他以為「喚起」屬於情意層面，即要設計與傳遞這個任務，須更多

心理的評定始能奏效。弗勒使用「回饋法」，利用教師看自己教學情況的錄影帶，以喚起教師教學的關注。另一方面，弗勒指出「解決」關注與認知層面較爲相關，因爲解決教師教學關注，需更多的教學知識和技能，須要在課程裡安排更多實際內容，方能使教師完成關注期之發展任務。（註四十四）

　　「教師」是開放式幼兒活動設計與施行的重要人物，面對師資的不合格、流失、異動以及缺乏銜接其不同年資及專業素養的進修課程，實很難竟其功，幼兒的教室常規尚且無法管理，更不用述及引導幼兒自行探索及促發學習動機。

肆、戲劇活動

　　戲劇是結合文學、音樂、舞蹈、美術、建築、肢體語言及輔導於一體的藝術表現，藉此活動，幼兒不僅尋及情感宣洩的管道，同時也習得技能、涵養其藝術情操。「演戲之夜」把夏山學校的學習活動帶到最高潮。同樣的在三年來的研究過程中，也發現每常到了戲劇時間，台上、台下的師生都開心至極。如果劇本適合幼兒，以及教師專業修養達一定水準，這種角色扮演通常可以把一天、一週甚至一個單元的主題貫串，而收到發展或綜合活動之效。

　　歷次國人有關幼教課程的實驗，均未對此加以留意或運用，筆者發現從戲劇中可以培養幼兒肢體表達能力，以及開發豐富的想像力與創造力。教室可以像舞台或電影院，如果教師們受過這方面的專業課程，對戲劇、傀儡戲或皮影戲也能了解其教育意義與目的，會製作簡單的道具，也能操作或把握活動要點，則師生

便會有更高層次及更精緻內容的表現。

　　角色扮演在教學上具有多元化的功能，藉戲劇同理他人角色、改變自己行爲模式與價值觀念、促進良好的人際互動等。因此，本研究在活動設計時，相當重視幼兒戲劇活動及其執行方式。夏山學校強調即興表演（Spontaneous　acting），在本實驗中，雖有即興的演出，却也不乏事先依單元主題設計的劇本。唯國內兒童的劇本不多，適合幼兒的更少，教師每感力不從心。將來如何系列教導教師及父母對幼兒戲劇有深入的認識，同時可以進行編導，以及注意在演出時一些要事項，例如：教師如何參與演出，如何問話、如何帶動唱以及製造音效、要求台下幼兒參與和演出結束時如何發揮一個單元的綜合活動成效等，都是戲劇教學所應注意與表現的。

伍、觀察與評量記錄

　　觀察與評量記錄是開放教育的重點工作。無論是團體教學、分組學習或是學習區個別化的學習等活動，爲要了解幼兒能力是否已達到教學目標，教師每個單元都必須設計綜合評量及學習區觀察記錄表，教師除了觀察外，有時還得在恰當的時機做適時的介入與引導。評量有助於教師做活動的設計、協助教師及父母了解幼兒學習的狀況，以及提供行政單位做決策時之參考。

　　本研究在觀察及評量部分，提供教師與父母每個單元的綜合評量、學習區個別化評量、幼兒學習困擾量表、學習區總評量及個案觀察記錄表。（附錄二三四）以往國內的幼兒實驗很少關注或擬訂具體的觀察評量表，然而觀察與評量記錄却是此次實驗的

重點。幼稚園教師一般是認眞的，惜專業知識與技能較爲欠缺。所以在第二年實驗時，便提供教師有關幼兒各種發展資訊，（附錄一）以免教師在觀察及評量時無從著手或發生誤差。

　　觀察或評量表，係採結構（量化）、半結構與非結構式（質的敍述方式）三種。事先依活動目標與內容而訂的評量，採量化記錄，偶發事件或個別化學習，則採文字敍述，若結構式評量項目不足或不適幼兒個別差異之需，則可於結構式評量外，教師自行以文字記錄觀察結果。當然，彌補教師不會設計評量項目，或訂得太難或失之太易，也是採量化評量的一大原因。但是，幼兒行爲很多是無法預測或量化的。因此，在幼稚園教師的研習課程或師院課程中，加強幼教師參與式觀察能力與深度訪談等質的觀察方法是相當重要的。再者，如何輔導父母介入幼兒的學習，讓他們也可以隨時對幼兒進行觀察與輔導，也是急須的，一個成功的幼兒教育是必須與親職教育相配合的。

附　註

註一：A. Graubard, The Free School Movement, <u>Harvard Review,</u> 42 (3), p.56。

註二：J. B. Macdonald, Perspectives on Open Education ： A Speculative Essay. In B. Spodek & H. J. Walberg (eds.), <u>Studies in Open Education.</u> N. Y. ：Agathon Press. p.46。

註三：林玉體，西洋教育史，台北，文景書局，民七十三，頁一五三。

註四：徐宗林，西洋教育思想史，台北，文景書局，民七十二，頁九十七。

註五：H. J. Walberg, An Anlaysis of American And British Open Education. In B. Spodek & H. J. Walberg (eds) Studies in Open Eduction, N. Y.：Agathon Press.

註六：Macdonald, op. cit.

註七：R. C. King, Innovation in The curriculum：A Case Study of Open Education In P. W. Musragave：Contemportary Studies in The Curriculum, London：Angus and Robertson.

註八：盧美貴，人類潛能運動面觀，載於「兒童教育的理念與輔導」，台北，師大書苑，民七十九，頁九十三。

註九：游淑燕，開放式小學課程，嘉義師院學報，民七十九，頁八。

註十：L. Stephens, The Teacher's Guide to Open Education. N. Y.：Holt, Rinehart and Winton.

註十一：F. Perl, The Gestalt Approach And Eye Wittness to Therapy. N. Y.：Bantam, 1973, p.9。

註十二：J. S. Bruner, Toward A Theory of Instruction. Cambridge：Horvard University, 1966。

註十三：黃炳煌，課程之理論基礎，台北，文景書局，民七十五，頁三十五。

註十四：盧美貴，夏山學校評析，台北，師大書苑，民七十九，頁二一三。

註十五：陳秉璋，「從轉型期社會的面向試分析台灣經濟發展所
　　　　面臨的重大經社問題」，政大社會學報18.19.20.合刊，民
　　　　七十三。

註十六：E. D. Evans, Curriculum Models And Early
　　　　Childhood Education. In B. Spodek (Ed,) Hand-
　　　　book of Research in Early Childhood Educa-
　　　　tion, N. Y.：The Free Press, 1982, p.104。

註十七：V. Hildebrand, Introduction to Eariy Childhood
　　　　Education. N. Y.：Macmillan, 1976, pp.107～393。

註十八：B. L. Broman, The Early Years in Childhood
　　　　Education, Boston： Houghton Mifflin. 1982,
　　　　p.136。

註十九：S. H. leeper, Good School for Young Children,
　　　　N. Y.：Macmillan, 1976, p.226。

註二十：C. F. Eliason, Early childhood Curriculum, Co-
　　　　lumbus：Merrill, 1986, p.75。

註二十一：Evans, op. cit. p.42。

註二十二：S. Feeney, Who Am I in The Lives of Child-
　　　　　ren：An Introduction to Teaching　Young
　　　　　Children. Columbus：A Bell & Howell. 1984,
　　　　　p.194。

註二十三：H. F. Robison, Designing Curriulum for Early
　　　　　Childhood, Boston：Allyn & Bacon, 1982, p.176。

註二十四：B. Day, Early Childhood Education：Creative
　　　　　Learning Activities, N. Y.： Macmillan, 1983,

p.69。

註二十五：教育部，幼稚園課程標準，民七十六，頁七。

註二十六：A. S. Neill, Freedom Not License, N. Y. : Hart, 1966, p.61。

註二十七：B. Spodek, Open Educdtion：Where Are We Now？中美幼教研討會論文（文化大學），1986。

註二十八：L. Stephens, The Teacher's Guide to Open Education, N. Y.：Holt, Rinehart & Winton, 1974, p.51。

註二十九：游淑燕、盧美貴、王珮玲，開放式的幼兒活動設計，台北市教育局，民七十九，頁廿七。

註三十：同前註，頁廿七。

註三十一：N. Bennett, Open Plan Schools, New. Jersey, Atlantic Highlands, 1980, p.28。

註三十二：P. T. Young, Understanding Your Feeling And Emotion, New Jersey： Prentice Hall, 1975, p.56。

註三十三：高敬文，發現學習的課程領域－以幼兒生活為中心，載於「從發現學習邁向統合教學」，台北，信誼基金出版社，民七十一，頁十六。

註三十四：R. S. Prawat, Affective versus Cognitive Goal Orientation in Elementang Teachers, American Educational Journal, 1985, 22 (4)。

註三十五：盧美貴，夏山學校「潛在課程分析」──給國內兒童教育的啓示，台北市立師院幼教研討會學術論文，民

　　七十七，頁一三。

註三十六：倪鳴香，發現學習的實踐－角落布置的設計原則與具
　　　　　體建議。載於「發現學習邁向統合教學」，台北，信
　　　　　誼基金出版社，民七十一，頁卅。

註三十七：D. Hopkins, Improving The Quality of School-
　　　　　ing, London：The Falmer, 1987, p.51。

註三十八：W. Glasser, School Without Failure, N. Y.：
　　　　　Harper Row, 1969, p.47。

註三十九：H. G. Gough, What Determines The Academic
　　　　　Achievement of High School Students? Edu-
　　　　　cational Research, 1953, 46, p.321。

註四十：同註十四，頁二三九。

註四十一：S. Veeman, Perceived Problems of Beginning
　　　　　Teachers, Review of Educational Research,
　　　　　1984, 54 (2). p.143。

註四十二：黃秀鳳，幼稚園教師教學關注之研究，師大家政研究
　　　　　所碩士論文，民八十，頁二十三。

註四十三：同註，頁一一九。

註四十四：F. F. Fuller, Current Research on The Con-
　　　　　cerns of Teachers, at the Annual Meeting
　　　　　of The American Educational Research
　　　　　Association, Chicago, 1972, (ERIC Docu-
　　　　　ment Reproduction Service No. Ed. 063 257)

第六章　結論與建議

第一節　結　　論

　　幼兒教育的目的在增進幼兒自我發展（Self-development）的各項能力，（註一）進而成為德、智、體、群、美五育均衡發展的「完整人」。此種理想可由我國光緒廿九年蒙養院的保育內容，以至歷次幼稚園課程實驗之改革與充實得到明證。幼兒是人類世界的瑰寶，如何在政治、經濟、社會開放的過程以及價值趨向多元、獨宗一說不復存在的今日，幼兒也能享有人性的尊重，在一片仿西思潮中，如何將歐美教育理論與實際措施本土化，使其在中國的土地上萌芽、茁壯，此即本研究的目的。

　　茲將我國近年來歷次幼教課程實驗之優點與限制，以及夏山學校開放式教育實踐之啓示，對本研究－開放式幼兒活動設計的影響，歸結如表六～1：

表六～1：開放式幼兒活動設計綜合分析表

（我國幼稚園課程之實驗）	（夏山學校教育之實踐）	（開放式幼兒活動之設計）
課程與教材 1.重視正式課程及其教學目標。 2.課程內容彈性大，允許各園自行選擇。 3.教材導向，潛在課程甚少重視。 4.大、中、小班之間教材及其與小學低年級課程缺乏連繫性與銜接性。	**課程與教材** 1.重潛在課程輕正式課程。 2.融教材於遊戲經驗及角色扮演中。 3.情意教育重於知性教育。 4.課程彈性而生活化。	**活動主題的選擇** 1.家庭、幼稚園、社區、世界、自然界及未來意識。 2.情意、認知與動作技能並重。 3.強調程序性、連貫性及銜接性。
教學方法與評量 1.重視團體教學及其成效的評量。 2.教師居主導地位，幼兒甚少自主權。 3.認知評量居多。	**教學方法與評量** 1.重個別化學習經驗與多元化評量方式。 2.兼重情理的團體討論及分享活動的重視。 3.採混班（混齡）的學習方式。	**活動的安排** 1.團體活動、分組學習、學習區個別化活動。 2.適時探分班（分齡）與混班（混齡）活動方式。

評析　→　輔導活動　→　評析　→　結論與建議

議

學習情境

1. 開放設備、教具、玩具。
2. 提供溫暖、接納的心理、社會環境。
3. 注重潛在課程學習。

教師、父母與幼兒角色

1. 自我關注→自我成長
2. 開放、獨立、自尊尊人、自愛愛人。

學習評量

1. 團體及個別化評量。
2. 重視多元化形式性評量。
3. 教師、父母與幼兒共同評量。

1. 愛的教育與情意輔導。
2. 重人師角色，反權威教育。
3. 學生主動學習之限制。

輔導活動

1. 重視班級管理及團體常規。
2. 較少注意幼兒的情緒發展與輔導。
3. 親職教育未能緊密與幼兒教育配合。

在人生中，許多事物的學習是統整在一起而且彼此相互影響的，因此，幼兒的教育應該是整體性的，惟有秉持這種觀念發展幼稚園的課程，才能實現開放教育「課程統整化」的理想。開放式的幼兒活動設計，從幼兒生活經驗中自我的認識與發展起始，強調生活導向（life-oriented）而非以科目學習爲中心，此即開放教育「教材生活化」的原則；把教育的重點放在「孩子怎麼學」（How to learn），而非「教師怎麼教」（How to teach），學習的內容，除了認知外，更重視身心的健康、社會自我與創造力的培養；教師與父母必須了解幼兒的能力、興趣與發展，以及他們是如何進行學習，並且儘可能的讓幼兒親自經驗和參與，透過遊戲習得知能，（註二）提昇情緒方面的自我成長以及社會方面的自我發展，此方能落實開放教育「教學活動化」的目的。（註三）如學習情境必須開放而溫暖，除正式課程外，潛在課程更是不容忽視；無論是總結性評量或形成性評量都必須注意廣泛性、統合性、專業性、客觀性、繼續性以及隱私性原則。期望未來三年這種開放式活動設計能推廣及於小學低年級，並與其課程教學做適當銜接。

第二節　建　議

開放教育在國內仍在試步與推展階段，它不只是一種對人性的尊重，同時也是和諧而多元社會的期望。開放教育的基本精神、教育目標、課程活動設計、教材教法的運用、情境布置、混班（混齡）的學習、形成性的評量以及配合父母親職教育對孩子所

做多元化的觀察紀錄方式，可能爲國內許多敎師和家長們感到陌生，甚至不習慣而拒斥改變。雖然沒有任何一種敎育主張是十全十美，但這不該是反對或拒絕敎育革新的藉口，開放敎育所揭櫫的精神，正是多年我們在傳統權威約制下所失去的，過多「假性知識」壓得多少莘莘學子喘不過氣來，少年老成、小大人到處充斥。整個世界對開放的要求越來越迫切的現在，期望立於敎育第一線的幼兒敎育，也能與世界潮流同步。

下面提出本研究的一些建議，以作爲今後改革幼兒敎育之參考：

一、幼稚園課程發展及活動設計方面

㈠建立幼敎課程理論

結合幼敎學者從哲學、心理學以及社會學等方面研究幼稚園課程理論。一方面整理我國歷年來各種幼敎課程理論，評估其價值性與實用性；另一方面引進歐、美幼敎課程理論，評估其本土化之可行性。然後綜合二者之長處，以調適、建構，切合我國目前所需之幼稚園之課程理論，俾便作爲幼稚園敎師實施敎學計畫與敎學活動之準據。

㈡進行幼敎課程實驗

設計兩種或兩種以上不同結構之課程類別，進行實驗與比較，然後檢討其得失，再修正、再實驗，以建立充實而完善的幼稚園課程內容。

此外，如何讓小學低年級的分科課程與幼稚園活動課程緊密結合而不脫節。首先調查兩階段銜接上的困難處，然後再調適幼稚園大班及小一的課程，安排實驗組與控制組進行各種學習結果

之實驗，則可使開放式幼兒活動的成效事半功倍。

㈢推廣活動設計

經過實驗而合適幼兒的活動宜大力加以推廣，培養幼稚園教師有選擇適合自己幼稚園幼兒活動的能力是必要的，目前幼稚園採用不當的坊間幼教出版品者不計其數，這是亟需注意的。

㈣重視潛在課程

國人一向重視正式課程而忽略潛在課程，幼稚園活動在智育之外，宜加強美育、群育、體育和德育的均衡發展。此外，改善幼稚園的環境以及師生的互動關係，都會使幼兒有更好的學習效果。

二、幼稚園師資培育與進修方面

㈠建立正確的教師價值觀

教育為有意義的變化行為與氣質的歷程，也可以說是價值創造的歷程。價值表現於選擇性的行動，同時指導行動的選擇，所以價值系統雖為概念性的構設，卻在行動中完成。價值有指導個人行動、維持人格統整的作用。因此，一位理想的教師除認知條件外，其襟懷與職志、人格特質、興趣與專業精神，均不容忽視。此外，幼教師的課程中宜加強人文、自然、社會及語文訓練，使對人生意義有深刻的認識與體驗，從而加強其專業及敬業的精神。

㈡加強教師基本能力

研究中發現教師欠缺設計活動、教學評量、教室管理、戲劇教學以及幼兒各種能力發展之認識的能力、為落實教學成效，這些基本能力必須予以強化。

㈢**正視教師的成長與需求**

不同年資之幼稚園教師在教學任務關注上有其顯著差異。因此,提供不同進修內容與管道是刻不容緩的急務。

㈣**設立多樣性及銜接性之職前及在職進修課程**

研究發現幼稚園教師在不同任教年資時有不同之教師教學關注程度,顯示不同發展階段之幼稚園教師所關注之層面有差異。因此,教育行政機關及學術團體在設計幼稚園在職教育、在職進修時,應考慮教師教學關注情形,以收事半功倍之效。例如:考慮幼稚園教師教學年資,針對不同階段之幼稚園教師設計其所需之在職進修,而非含混地將不同階段之教師聚集於一堂。既使基於各種因素,無法在事先將不同階段教師安排於不同之在職進修計畫中,其課程呈現亦應考慮不同階段教師之教學關注情形。例如,傳授「教室管理」此主題,對於初任教之教師提供較多認知性及技術性之課程,使幼稚園教師具備在幼稚園裡生存(survival)之能力;而對於已有相當經驗之教師,給予思考性之課程,使其反省自己教學哲學之機會。如此可幫助不同階段教師解決其教師專業成長之問題。

三、行政支援系統方面

㈠**增設幼教課程研究發展中心**

此中心宜編列預算,延攬幼教人才,設主任及組長、研究員編制,從事國內、外幼教課程資訊搜集、編譯、實驗、推展,以及有關幼教法令之修訂等。

㈡**規畫及執行課程評鑑並舉辦教學觀摩會**

編列預算委託幼稚園「課程設計與教學」項目評鑑績優之幼

稚園，辦理教學觀摩會，提供該地區及全國幼稚園園長及教師觀摩、學習之機會。

㈢研究及發展有關幼兒教育課程與教學之各種參考資源，並建立評估制度

1.委託學術機構、大專院校相關科系及幼教機構研究發展各種教學資源。

⑴補助其進行以幼兒學習經驗爲導向之教學實驗研究。

⑵編印有關幼稚園課程編製、教材編選及課程評量之參考資料。

⑶編印有關現行各類幼教模式之參考資料。

2.鼓勵出版優良之教學資源

⑴編列經費，獎助並出版以幼兒學習經驗和過程爲導向之教學資源。如：幻燈片、錄影帶、書籍等。

⑵編列經費，獎助並出版教師自行設計與課程有關之參考資料。

⑶編列經費，獎助幼教人士、單位或機構出版有關幼兒身心發展、學習本質與興趣之教學指引或各種教學資源。

3.由全國幼兒教育中心主持邀集相關人士，研擬幼稚園課程與教學相關出版品之評估辦法，並進行評估與公布評估結果。

「冰凍三尺，非一日之寒」，國內今日教育充斥「升學第一」與「認知掛帥」之歪風，實非一朝一夕所效。當然，要改變或修正父母、教師與兒童這方面一元的價值觀，也非一蹴可幾。

　　台北市公私立幼稚園在開放式幼兒活動設計的研究過程裡，已著手努力三個年頭，爲使接受這種教育方式的幼兒在進入國民小學後，能有最佳的適應，目前教育局正成立研究小組評估其得失，以便做好幼稚園與小學教學的銜接工作。銜接的工作分由幼稚園及小學低年級兩方面進行，實驗的內容包括：課程、教材教法、情境設計、教師、父母與兒童角色、混班（齡）、教學評量以及行政管理等方面。期盼這種「課程統整化、教材生活化、教學活動化」的開放式幼兒活動，能爲國內莘莘學子開啓學習的另一扇門。

附　註

註一：K. Connolly & J. Burner, The Growth of Competence, London：Academic Press, 1974, p.5。

註二：J. Piaget, Play, Dream & Imitation in Childhood, N. Y.：W. W. Norton, 1962, p.105。

註三：K. H. Rubin, Children's Play, San Francisco：Jossey-Bass, 1980, p.86。

參考書目

中文部分：

王克難，夏山學校，遠流出版社，民七十三。

台北市政府教育局，幼稚園評鑑報告，民七十九。

李定開，中國學前教育，西南師範大學，一九九〇。

何曉夏，簡明中國學前教育史，北京師範大學，一九九〇。

坂元良江，世界ていちばん自由な學校—サマ・ヒル・スクール
　　との６年間，京都人文書院，一九八四。

林清江，建立開放而有秩序的社會，載於「開放社會的教育政策
　　」，台北，台灣書店，民七十九。

林玉體，西洋教育史，台北，文景書局，民七十三。

吳貞祥，遊戲在幼兒認知發展上的價值，台北，現代教育，民七
　　十五，一卷２期。

邱志鵬等人，混合年齡教學理論與實際，師大家政教育，第九卷

　　　六期。

倪鳴香，角落內容的選擇，載於「從發現學習邁向統合教學」，
　　　台北，信誼基金出版社，民七十六。

倪鳴香，發現學習的實踐角落布置的設計原則與具體建議，載於
　　　「從發現學習邁向統合教學」，台北：信誼基金出版社，民
　　　七十一。

浙江省陶行知研究會，陶行知教育思想講話，浙江教育出版社，
　　　一九八八。

徐宗林，西洋教育思想史，台北，文景書局，民七十二。

唐亦乾，規劃一個有助幼兒學習的環境，載於「完整教育」，台
　　　北，五南圖書出版公司，民七十九。

高敬文，發現學習的課程領域－以幼兒生活為中心，載於「發現
　　　學習邁向統合教學」，台北，信誼基金出版社，民七十一。

陳伯璋：潛在課程研究對我國課程研究可能的影響。師大教育研
　　　究所集刊廿七輯，民七十四。

陳伯璋，潛在課程，台北，五南圖書出版公司，民七十四。

陳伯璋・盧美貴，夏山學校生活，台北，原學社，民七十五。

陳伯璋・盧美貴，尼爾與夏山學校，台北，遠流出版社，民七十
　　　六。

陳秉璋，「從轉型期社會的面向試分析台灣經濟發展所面臨的重
　　　大經社問題」，政大社會學報18.19.20.合刊，民七十三。

黃政傑，潛在課程概念評析，師大教育研究所集刊廿八輯，民七
　　　十五。

黃政傑，團體歷程理論及其在教學上的應用，師大教育研究所碩
　　　士論文，民六十六。

黃政傑，課程設計的匣理論取向，師大教育研究所集刊卅一輯，
　　民七十八。

黃炳煌，課程之理論基礎，台北，文景書局，民七十五，

黃炳煌，開放社會的課程設計與教科書制度，載於「開放社會的
　　教育政策」，台北，台灣書店，民七十九。

黃光雄：課程設計的模式。載於「中國教育的展望」，台北，五
　　南圖書出版公司，民七十三。

黃昆輝：開放社會的教育政策。台北市，台灣書店，民七十九。

黃秀鳳，幼稚園教師教學關注之研究，師大家政研究所碩士論文
　　，民八十。

黃世鈺，我國幼稚園課程實驗探析，載於「台灣省第二屆教育學
　　術論文發表會－幼兒教育」，新竹師院，民八十。

黃寶珠，幼稚教育資科彙編（上），台北市立師院，民六十五。

郭爲藩，自我心理學，台南，開山書店，民六十一。

郭爲藩，教育的理念，台北，文景書局，民六十八。

教育部國教司幼稚教育課程研究資料七十五年度工作報告。

教育部，幼稚園課程標準，台北，正中書局，民七十六。

張雪門，增訂幼稚園行爲課程，台北，民五十五。

張雪門，中國幼稚園課程研究，台灣，童年書店，一九七〇。

游淑燕，開放式小學課程，嘉義師院學報，民七十九。

游淑燕、盧美貴、王珮玲，開放式的幼兒活動設計，台北市政府
　　教育局，民七十九。

楊國賜，進步主義教育哲學體系與應用，台北，水牛，民七十一。

楊國賜，現代教育思潮，台北，黎明，民七十四。

楊國樞，影響國中學生問題行爲的學校因素，中研院民族研究所

，社會變遷中的青少年問題研究論文，民六十六。

熊慧英，幼兒活動單元教材教法，台北，正中書局，民四十三。

歐用生，課程發展模式探討，高雄，復文，民七十二。

鄭石岩，心理分析與教育，台北，遠流出版社，民七十三。

盧美貴，兒童教育的理念與輔導，台北，師大書苑，民七十六。

盧美貴，幼兒常識教材教法研究，台北，五南圖書出版公司，民
　　七十六。

盧美貴，夏山學校「潛在課程」分析──對國內兒童教育的啓示，
　　台北市立師院，國際兒童教育學術研討會論文，民七十七。

盧美貴，幼兒教育概論，台北，五南圖書出版公局，民七十八。

盧美貴，夏山學校評析，台北，師大書苑，民七十九。

盧素碧：幼稚園教育課程設計之探討，載於「家政教育」，民七
　　十二，第九卷第二期。

盧素碧，近四十年來我國幼兒教育之教材教法，國立教育資料館
　　集刊十三集。

簡楚瑛，紀錄法與評量，載於「完整教育」，台北，五南圖書出
　　版公司，民七十九。

戴自俺、龔思雪，陶行知幼兒教育的理論與實踐，四川教育出版
　　社，一九八七。

西文部分：

Allen, H. A, (1975), "The Classroom：Elements for Successful Implementation in American School," Peabody Journal Education, (1)。

American School Counselor Association ASCA Pasition on Statement, The School Counselor, 1976, 26 (4)。

Arthur, R, (1975), Educational Innovation — Alternatives in Curriculum And Instruction, Boston：Allyn And Bacon.

Barrett R. (1978), "Freedom, License And A. S. Neill, " Oxford Review of Education, 7(2) 1981. Barrow R., (1978) Radical Education, London：Martion Robertson.

Barth, Ronald S. (1977), Open Education： Assumptions about Children Learning And Knowledge. In Golby, Michael, Jane Greenwald & Ruth West (eds.) Curriculum Design. London：Croom Helm.

Bates, S. A. (1981), Program Guidelines for Kindergarten, Wisconsin Department of Public Instrustion.

Beauchamp, G. A. (1981), Curriculum Theory Illinois： Peacock.

Bennett, N. (1980), Open Plan School, New Jersey, Atlantic Highlands.

Bernstein, E. (1968), " Summerhill： A Follow-up of Its Students," Journal of Humanistic Psychology, 8(2)。

Bloom, B. S. (1956), "Taxonomy of Education Objectives ：The Classification of Educational Goals." Handbook I, Cognitive Domain, New York：Mckay.

Bloom, B, S. (1968), Human Characteristics And School Learning, New York：McGraw-Hill.

Brigss, L. J. (1984), "Whatever Happen to Motivation And The Affective Domain ？" Educational Technology, 24(5)。

Broman, B. L. (1982), The Early Years in Childhood Eduation, Boston：Houghton Mifflin.

Broderick, W. E. (1976), A Tribute to A. S. Neill, Phi Delta Kappan, (6)。

Bruner, J. S. (1960), The Process of Education, Cambridge：Harvard University.

Bruner, J. S. (1966), Toward A Theory of Instruction, Cambridge：Harvard University.

Cohen, M., W. (1983), Teacher Concerns：Developmental Changes in Preservice Teachers. (ERIC) Document Reproduction Service, No.ED 255 520.

Combs A. W. (1972), "Some Basic Concepts for Teacher Education." The Journal of Teacher Education, 13 （ 3 ）.

Connolly, K. & J. Burner, (1974) , The Growth of Competence, London：Academic Press.

Cooper, J. H. (1981) , Planning for A Culturally Sensitive Program, North Carolina University.

Croll, J. (1983) , Neill of Summerhill, The Permanent Rebel, London：RKP.

Day, B. (1975) , <u>Open Learning in Early Childhood</u>, N. Y.：Macmillan.

Day, B. (1983) , <u>Early Childhood Education：Creative Learning Activities</u>, N. Y.：Machmillan.

Dewey J., (1916) , <u>Democracy And Education</u>, New York：Macmillan.

Eliason, C. F., & L. T. Jenkins, (1986) , <u>Early Childhood Curriculum</u>, Columbus：Merrill.

Evans, E. D. (1982) , Curriculum Models And Early Childhood Education. In B. Spodek (Ed.) , <u>Handbook of Research in Early Childhood Education</u>, New York：The Free Press.

Fromberg, D. (1977) , <u>Early Childhood Education：A Perceptual Models Curriculum</u>, New York：John Wiley & Sons.

Feeney S. (1984) , <u>Who Am I in The Lives of Children：An Introduction to Teaching Young Children</u>, Columbus：A Bell & Howell.

Fuller, F. F. (1967) , <u>Behavioral Science Foundation for Elementary Education：Course Content Ordered by Empirically Derived Concerns Sequence of Prospective Teachers</u>, Texas University, Austin, ERIC Document Reproduction Service No.ED 058.

Fuller, F. F. (1971) , <u>Relevance For Teacher Education：A Teacher Concerns Model</u>, Texas University,

Austin.

Fuller, F. F., & Parsons, J. S. (1972), Current Research on The Concerns of Teachers, American Educational Research Association, Chicago.

Furman, W. (1979) , Rehabilitation of Socially withdrawn Preschool Children through And Mixed-age And Same－age Socialization, Child Development, 1979 (50) .

Glasser, W. (1969) School Without Failure, N.Y.：Harper Row.

Gough, H. G. (1953) , What Determines The Academic Achievement of High School Students ? Educational Research, (46) .

Graubard, A. (1972) . The Free School Movement. Harvard Review, 42 (3) ．

Harms And Clifford, (1980) , R. M., Early Childhood Environment Rating Scale, N. Y.：Teachers College.

Hass, G. (1983) , Curriculum Planning：A New Approach, Boston：Allyn & Bacon.

Hart, H. H. (1970) Summerhill：For And Against, N. Y.：Hart.

Hassett, J. D. And A. Weisberg (1972) Open Education：Alternatives within Our Trandition, New Jersey：Prentice-Hall.

Hildebrand, V. (1976) , Introduction to Early Childhood Education, N. Y.: Macmillan.

Hopkins, D. (1987) , Improving The Quality of Schooling, London : The Falmer.

Hopkins, R. L. (1976) , "Freedom And Education : The Philosophy of Summerhill" , Educational Theory, 26 (20) .

Katz, L. G. (1983) , What Is Basic for Young Children. In G. Hass (Ed.) , Curriculum Planning : A New Approach, Boston : Allyn And Bacon.

King, R. C. Innovation in The Curriculum : A Case Study of Open Education In P. W. Musragave : Contemportary Studies in the Curriculum, London : Angus and Robertson.

Leeper, S. H., (1979), D. S. Skipper & R. L. Witherspoon, Good Schools for Young Children, New York : Macmillan.

Macdonald, J. B. (1975) , Perspective on Open Education : A Speculative Essay In B. Spodek Studies in Open Education, New York : Agathon.

Mile, D. T. (1972) , Affective Priorities in Education. Education al Technology, 10.

Mile, D. T. (1975) , Affective Goals in Open Education. In B. Spodek & Herbert J. Walberg (eds.) Studies in Open Education, New York : Agathon.

Morrison, G. S. (1984) , Early Childhood Today, N. Y.: Bell & Howell.

Neill, A. S., (1939) , The Problem Teacher, London : Herbert Jenkins.

Neill, A. S., (1945) , Hearts Not Heads in The School, London: Herbert Jenkins.

Neill, A. S., (1949), The Problem Family, London : Herbert Jenkins.

Neill, A. S., (1960) , Summerhill: A Radical Approach to Child Rearing, N. Y.: Hart.

Neill, A. S. (1966) , Freedom Not License, N. Y.: Hart.

Neill, A. S., (1972) , Neill! Neill!! Orange Pell : A Personal View of Years by The Founder of Summerhill School, Weidnfeld & Nicolson.

O'Neill, H. F., (1979) , Cognitive And Affective Learning Stategies, N. Y.: Academic.

Ornstein, A. C. (1982) , Curriculum Contrasts: A Historical Overview. Phi Delta Kappan, 63 (6) .

Piaget, J. (1985) , Affetive versus Cognitive Goal Orientation in Elementory Teachers, American Educational Journal. 22 (4).

Reid, W. A., (1978), Thinking about The Curriculum, London: Routledge & Kegan Paul.

Robison, H. F. (1982) , Designing Curriculum for Early Childhood, Boston: Allyn & Bacon.

Rogers, C. R., (1969), Freedom to Learn, Columbus, Ohio : Charles E. Merrill.

Rubin, K. H.（1980）, Children's Play, San Francisco : Jossey－ Bass.

Shaftel, F. R. & G. Shaftel,（1963）, Role-playing for Social Values Decesion-making in The Social-studies, New Jersey : Prentice Hall.

Silberman, C. E.（1970）, Crisis in The Classroom, The Remaking of American Education, N. Y. : Random House.

Silberman, C. E.（1973）, Open Classromme Reader, N. Y. : Random House.

Snitzer, H. C.（1968）, Living at Summerhill, N. Y. : Collier.

Stephens, L.（1974）, The Teacher's Guide to Open Education, New York : Holt, Rinehart And Winton.

Spodek, B.（1977）, Curriculum Construction in Early Childhood Education. In B. Spodek & H. J. Walberg (Eds.), Early Childhood Education : Issues And Insights, Berkeley : McCutchan.

Spodek, B.（1978）, Teaching in the Early Years（2nd ed.）, N. J. : Prentice-Hall.

Spodek, B.（1986）, Development, Values, And Knowledge in The Kindergarten Curriculum. In B. Spodek（Ed.）, Today's Kindergarten : Exploring The

Know-ledge Base, Expanding the Curriculum (Chap.3), New York: Columbia University.

Stephens, L. (1974) , The Teacher's Guide to Open Education, N. Y.: Holt, Rinehart & Winton.

Stephens, L. (1981) , The Teacher's Guide to Open Education, N. Y.: Helt, Rinehart and Winton.

Veenman S. (1984) , Perceived Problems of Beginning Teachers, Review of Educational Research.

Walberg, H. J. (1986), An Anlaysis of American And British Open Education. In B. Spodek & H. J. Walberg (eds.) Studies in Open Education, N. Y.: Agathon press.

Willis, G. (1978) , Qualitative Evaluation as The Aesthetic Personal, And Political Dimensions of Curriculum Criticism. In G. Willis (Ed.) , Qualitative Evaluation: Concepts and Cases in Curriculum Criticism, Berkeley: McCutchan.

Wiles, J., & J. C. Bondi (1984) , Curriculum Development: A Guide to Practice, London: A Bell & Howell.

Young, P. T. (1975) Understanding Your Feeling And Emotion, New Jersey: Prentice Hall.

附錄一：幼兒語言及社會行為發展

一、下列圖表為 1 歲到 6 歲兒童的大略發展過程，提供給教師及父母作參考。若懂有幾個月的差距，未必表示發展遲緩。其中語言及社會性身邊處理項目，和教導與否有很大關係。

二、關於詳細兒童心理發展及認知發展，不擬詳細列表。

項目＼年齡	12 — 14	14 — 16	16 — 19	19 — 21
粗　動　作	·可維持跪姿 ·會側行數步 ·走得很穩，會轉身	·可獨自由趴著而手扶地站起 ·隨音樂而作簡單跳舞動作 ·扶欄杆可上下三層樓梯	·自己坐上嬰兒椅 ·扶著可單腳站立 ·一腳站立，另一腳踢陽大球	·能彎腰揀東西不跌倒 ·手心朝上拋球 ·由蹲姿不扶物站起
精細動作	·一隻手同時揀起兩個小東西	·會打開盒蓋 ·自動拿筆亂塗	·可疊 3 塊積木 ·模仿畫直線	·模仿摺紙動作 ·會上玩具發條

	・可重疊兩塊積木 ・可將瓶中物倒出	・已固定較喜歡用那邊手	・可認出圓形，並可將模型板上放入	・模仿畫直線或圓形線條
語言表達	・模仿未聽過的音 ・會用一些單字	・會說十個單字 ・會說一些兩個字的名詞	・會哼哼唱唱 ・至少會用10個單字	・會說謝謝 ・會用語言要求別人作什麼
語言理解	・知道大部分物品名稱 ・熟悉且位置固定的東西不見了會找	・在要求下，會指出熟悉的東西 ・會遵從簡單的指示	・了解一般動作如 "親親" "抱抱"	・回答一般問話，如 "那是什麼" ・了解動詞＋名詞的句子，如 "丟球"
社會性	・堅持要自己吃東西 ・模仿成人簡單動作如打人、抱哄	・睡覺時要抱心愛的玩具或衣物 ・出去散步時，注意路上各種東西	・被欺侮時會設法抵抗或還手 ・有能力主動拒絕別人的命令	・對其它孩子會表示同情或安慰

項目＼年齡	21－24	24－27	28－31	31－36
身邊處理	・會脫襪子 ・嘗試自己穿鞋（不一定能穿好）	・自己拿杯子喝水 ・自己用湯匙進食（會灑出）	・會表示尿片濕了或大便了 ・午睡不尿床	・會區分東西可不可以吃 ・會打開糖果包裝紙
粗動作	・自己單獨上、下椅子 ・原地雙腳離地跳躍 ・腳著地方式帶動小三輪車	・用整個腳掌跑步並可避開障礙物 ・可倒退走10呎 ・不扶物、單腳站1秒以上	・雙腳較遠距離跳躍，向前翻斛斗 ・單腳可跳躍2次以上	・一腳一階上下樓梯 ・單腳可平衡站立 ・會騎小三輪車 ・會過肩投球

類別				
精細動作	・模仿畫圓形 ・用小剪刀，不一定剪得好	・疊高八塊積木 ・會用打蛋器 ・玩黏土時，會給自己成品命名	・模仿畫橫線 ・可依樣用三塊積木排直線 ・可一頁一頁翻薄書	・球丟給他，他會去捕捉 ・可一頁一頁翻厚書 ・疊高 6－7 個積木
語言表達	・會正確使用 "我們" "你們" "他們" ・會用 "什麼" 怎麼會 "如果" "因為" "但是"	・會問 "誰…那裡…作什麼" …句子 ・會用 "這個"、"那個" …冠詞	・懂得簡單數量（多、少）所有權（誰的）地點（裡面、上面）的觀念 ・稍為有一點 "過去" 的觀念	・會重覆字句的最後一兩個字 ・會講50個字彙
	・會回答有關位置，所有權及親蜜	・知道 "明天" 意味著不是 "現在"	・了解 "上、下"、"裡面"、"旁邊" …	・知道玩伴的名字 ・認得出電視上常

	見之物	位置觀念		的問語
語言理解	・幫忙作一些簡單家事 ・會罵玩伴、玩具……	・知道在什麼場合通常都作什麼事	・會回答"誰在作什麼"的問句	・會接熟悉的語句或故事
社會性		・會去幫助別人 ・會和其他孩子合作，作一件事或造一個東西	・對幼小的孩子會保護 ・會告狀	・會找藉口以逃避責罰 ・自己能去鄰居小朋友家玩
身邊處理	・脫下未扣子的外套 ・會用語言或姿勢表示要尿尿或大便	・在幫忙下，會用肥皂洗手，並擦乾	・白天可控制大、小便 ・會拉下褲子，準備大、小便	・自行大小便 ・能解開一個或一個以上之鈕扣

年齡＼項目	36－42	42－48	48－54	54－60	60－66	66－72
粗動作	• 走路時兩手交互擺動 • 可繞障礙物跑過去 • 丟球可丟10呎遠 • 想辦法用手臂接球 • 單腳站立5秒	• 可接住反彈球 • 以腳趾接腳跟向前進直線 • 原地單腳跳	• 以單腳向前跳 • 向上攀、爬垂直的階梯 • 過肩丟球12秒 • 單腳站立10秒	• 單腳連續向前2－3碼 • 騎三輪車繞過障礙物 • 雙腳跳在5秒內可跳7－8次	• 腳尖平衡站立10秒 • 用雙手接住反彈的乒乓球 • 主動且有技巧地攀爬、溜、搖、擺	• 在韻律地兩腳交換跳躍如跳繩 • 跑得很好 • 可接住丟來的球（5吋大）（用手接） • 以腳趾接腳跟倒退走直線
	• 會蓋、開小罐子 • 可完成◇菱	• 自己畫十字形	• 照樣寫自己名字、簡單的字	• 會寫自己的名字 • 會畫口，但	• 自己會寫一些字 • 20秒中可將	• 以拇指順序觸碰其他四指

精細動作	·形圖的連連看 ·模仿畫十形	·模仿畫×形	·5秒中可將10個小珠子放入瓶中 ·用剪刀剪直線 ·顧著摺紙口 →→→	·畫得不太好 ·會剪刀剪曲線 ·會用繩索打結，繫鞋帶 ·會扣及解鈕子 ·能畫出身體3個部份	·10個珠子放入瓶中 ·會寫1－5的數字 ·會畫△。	·將鞋子、鞋帶穿好 ·能畫身體六部分
語言表達	·會否定命令如，不要做…… ·會用"這是…"來表達 ·會用"什麼時候"…的問句	·可解釋簡單圖畫 ·圖畫字彙至少可說出14種或以上	·正確使用"為什麼" ·為引起別人注意會用誇張的語調及簡單語句 ·至少能唱一首完整的兒歌	·會用"一個××" ·會說出相反詞三種中對兩種 ·會由1數到10或以上	·可說出物體的用途，如：帽子是戴在頭上 ·會說六個單字的意思 ·會說出三種物體的成分	·能很流利地表達 ·可經由點數而區分兩堆東西是不是一樣多

語言理解					
・瞭解 "大" "小" "上" "下" "後" "前" "外" "裡" ・能回答 "這是誰的？" "為什麼" …等問題 ・會道歉，當做錯事會說 "對不起"	・能回答 "有多少" "多久" 的問題 ・瞭解昨天、今天 ・會與其他小孩在遊戲中比賽	・會用 "××和××"，"靠近××" "在××旁邊" ・瞭解 "多遠" ・會區分相同或不同的形狀 ・在沒人照管下在任家附近蹓躂	・懂得 "多加一點" 及 "減少一點" ・會在要求下指出一系列東西中第幾個是那一個 ・會同情、安慰（用語言）	・會區分 "最接近" "一半" ・依要求能正確找出 1－10 所要的數字 ・在遊戲中有些性別區分了	・瞭解 "以前" "以後" ・區分左、右 ・能認得一些注音符號及國字 ・會玩簡單桌上遊戲如撲克牌

社會性	·已有一個要好的同伴 ·會給小朋友一些暗示	·能自己過斑馬線或過街	·會在遊戲中稱讚或批評別的小朋友的行為	·和同伴計畫將來死什麼	·會選擇要好的朋友 ·遊戲中會遵守公平及規則	·和同伴分享秘密（不告訴大人）
身邊處理	·從小壺倒水喝，不會潑得到處都是 ·自己脫衣服 ·晚上不會尿床	·會穿長統鞋子 ·自己洗臉、刷牙（但洗得還不好）	·穿鞋不會弄錯腳 ·自己上廁所（包括清潔，穿好褲子） ·自己洗臉洗得很好	·會穿襪子 ·扣襯衫、褲子，或外套的釦子 ·晚上睡醒會自己上廁所	·自己換上睡衣或脫下衣服 ·能將食物組合在一起如三明治	·會用刀子切東西 ·自己會梳或刷頭髮 ·自己會繫鞋帶

附錄二：「學習區」觀察紀表

單元名稱：_____

觀察者：_____

幼兒姓名：_____　年齡____　性別____

觀察時間：____年　月　日　時　分

觀察地點：_____　　　　區

○觀察記錄時注意事項：

一、觀察時請確實專心地記錄孩子的行為。

二、請從開始到結束完整的記錄。

三、請記錄你所看到的而非所想的。

四、請觀察者不要提供幼兒任何意見，僅在旁靜觀。

五、請在□內打勾，可以複選。

六、請在其他_____內詳細說明。

○觀察記錄內容：

一、幼兒選學習區前討論的態度：

發表意見

□內容與老師引導有關

□內容與老師引導無關

沒發表意見

□專心聽

□不專心聽

二、幼兒如何取得名牌

使用名牌

□老師發名牌

□小組輪流取名牌

不使用名牌

□限定各學習區人數

□不限定各學習區人數

□小組分配到各學習區去玩

其他

三、幼兒在何種情況下進入學習區玩

自願去的

沒有成人引導

□幼兒胸有成竹，有計劃地玩

□隨機、摸索中玩出成果

□附合同伴的內容玩

其他：

六在學習區幼兒遵從怎樣的規則

□幼兒共同制定的規則

□遵從小領袖所訂的規則

□遵從老師規定的原則

□無任何規則地玩

七幼兒是否能正確地使用工具

□能熟練且正確地使用工具

1.　　2.　　3.　　4.

□知道使用工具的名稱

1.　　2.　　3.　　4.

□能夠變化方法來使用工具

說明

八幼兒是否常常換學習區？換那些區？

□自己單獨去

□和同伴約好去

□附合別人去

指定去的

□老師指定去

□別無選擇的情況下去的

四幼兒選擇學習區的態度

□很快地進入學習區

□在各學習區觀看後再選擇

□對各學習區表示沒興趣而不主動參與

□想玩的學習區已額滿便不再到其他學習區

□其他：

五如何引起幼兒到學習區的動機

有成人引導

□與單元及情境布置有關

□與討論的內容有關

□接受敘法的引導

是否換學習區
　□是
　□否
換那坐區＿＿＿＿＿
玩一區的時間＿＿＿＿

九.幼兒能否與同伴分享
　□不願分享
　□願意分享
　內容
　　□工具
　　□材料
　　□場地
　方式
　　□開放式
　　□協訂式
　態度
　　□自願
　　□被動（別人提示）

　□不情願
十.幼兒是否能互相尊重
　□能夠尊重別人
　□樂意
　□選擇性
　□被動性（別人提示）
十一.不能尊重別人
十二.幼兒在學習區的談話方式
　說話
　□自言自語
　□和同伴交換意見
　□沒說話
十三.幼兒能否解決問題
　□可以解決問題
　□求助於人
　　□成人
　　□同伴
　□自己解決

收拾的態度
□和同伴共同收拾
□只收自己玩的東西

收拾的方式
□分類收拾
□雜亂的收拾

幼兒回原班分享學習區的報告態度
□不參與發表
□專心聽
□不專心聽
□有發表意見

內容
□介紹自己學習的內容
□介紹自己的作品

表達能力
□完整的介紹學習的內容
□片段的介紹學習的內容
□口齒不清晰

□不能解決問題
□擱置
□哭

幼兒是否有攻擊性的行為
□沒有
□自衛性還擊
□告狀
□罵人
□動手

主動攻擊性行為
□罵人
□打人
□破壞東西

幼兒收拾學習區的情形
收拾訊號出來以後
□立即收拾
□告一段落再收拾
□不理會

附錄三：幼兒學習困擾量表

觀察時間：

觀察者姓名：

受試者姓名：

性別：　男　女，班級：

幼稚園名稱：

年齡：　　歲　　月

注意事項：

一、觀察期間，教師將幼兒所表現的行為，在記錄欄適當方格內予以登錄；凡有困難者打（✓），無困難者打（×），如該項目無機會觀察，即不作任何記號。

二、計分：按頻率高低，分別賦予一至五分不同等級，再依每項得分之總和評定。

頻率　（於觀察十次後，再記錄之）

題號 No.	項目	觀察記錄 1	2	3	4	5	6	7	8	9	10	從不 1	很少 2	偶然 3	常常 4	總是 5
1.	用剪刀有困難	□	□	□	□	□	□	□	□	□	□	□	□	□	□	□
2.	黏漿糊有困難	□	□	□	□	□	□	□	□	□	□	□	□	□	□	□
3.	答易碰到東西（走路不遠）	□	□	□	□	□	□	□	□	□	□	□	□	□	□	□
4.	容易摔交	□	□	□	□	□	□	□	□	□	□	□	□	□	□	□
5.	接球有困難	□	□	□	□	□	□	□	□	□	□	□	□	□	□	□
6.	跳繩有困難	□	□	□	□	□	□	□	□	□	□	□	□	□	□	□
7.	繫鞋帶有困難	□	□	□	□	□	□	□	□	□	□	□	□	□	□	□
8.	扣釦子或戴掛名牌有困難	□	□	□	□	□	□	□	□	□	□	□	□	□	□	□

9. 坐不安穩
10. 站立不安穩
11. 注意力易分散
12. 容易緊張
13. 對以前偶然看見過他看過的東西不易記得
14. 特別給給他看過的東西容易忘記
15. 好哭
16. 對責備拒絕接受
17. 不能了解別人的指示
18. 容易氣餒
19. 做事易中途而廢
20. 逃避團體活動

觀察日期　　月　月　月　月　月　月　月　月　月　月
　　　　　　日　日　日　日　日　日　日　日　日　日

全部總分：

註：頻率之評定須視檢視不同的觀察結果（依十次觀察記錄而定）

從不（一分）：完全沒有機會觀察。

很少（二分）：1－2次顯示困難者。

偶然（三分）：3－5次顯示困難者。

常常（四分）：6－8次顯示困難者。

總是（五分）：9－10次顯示困難者。

附錄四：幼兒個案紀錄表

班別		教師		出生：年　月　日
姓名		性別		
日期		記錄內容		

一、事實狀況：

二、摘要：

三、輔導目標：

四、輔導策略：

記載要點	1.情緒有特殊之表現。 2.進步表現及獎勵。 3.行為問題及處理經過。

附錄五：幼稚園教師基本能力評量表

教　學　班　別		幼兒人數	
單元活動名稱		教材來源	
教　　　師		教材日期	

評分類別	能　　　力	優　點	建　議	評　分
教　學　實　施	1.指導幼兒各種活動與遊戲。			
	2.促進幼兒概念的形成與社會化教學。			
	3.指導幼兒有關身體與認知發展的活動。			
	4.鼓勵幼兒參與活動。			

20	5.指導幼兒認識自己。		
設計 10 %	1.依幼兒興趣設計教學且顧及幼兒統整學習。 2.確定幼兒學習目標及編選適當教材。 3.設計每日活動程序表。 4.設計各種教學活動。 5.設計園務計畫。		
教室管理 10 %	1.建立教室常規及了解幼兒之感受、潛能與需要。 2.能處理幼兒的糾紛，尊重每個幼兒。 3.維持整潔及處理幼兒特殊行為。 4.觀察及記錄幼兒的發展。 5.了解幼兒個別差異。		
環境佈置	1.布置一個快樂而安全的學習環境。 2.適當的布置室內、室外的活動空間。 3.會利用社會資源。		

10 %	4.布置合宜的學習環境。		
人際關係 10 %	1.鼓勵家長參與社區活動。 2.與家長、同事保持良好關係。 3.認識幼兒的家長及親戚。 4.能與家長有效的溝通。 5.會協調學校與家庭教育的問題。		
園務行政 10 %	1.了解有關法令與政策。 2.配合行政措施行事。 3.執行幼兒教育方案。 4.處理園務。 5.舉辦親職活動。 6.聽從建議進行教學。		
學識	1.對現有幼教方案有評估能力。 2.確認自己的教育理想與人生觀。		

修　養	3.會自我進修與成長。 4.具有基本幼教知識的了解。 5.能自我知覺優點與缺點。	
10　％		
評　量	1.兼顧教師及幼兒和各方面發展的評量。 2.會設計各種評量表。 3.依教學目標評量幼兒的學習。 4.使用各種評量方法。 5.通知家長幼兒的各種評量結果。	
10　％		
個人 特質	1.願意吸收新資訊與學習新事物。 2.有幽默感，具創造思考能力。 3.身心健康，凡事以身作則。 4.具愛心、耐心與同理心。	
10　％		

附錄六：幼兒(大班)生活與學習基本能力

一、幼兒（大班）生活與學習基本力

日本文部省於平成元年（一九八九年）將採行了二十多年的幼稚園課程標準，由分科而且偏重認知學習的內容，修正爲健康、人際關係、環境、語言、表現等落實統整課程及生活的教育內容。

臺灣社會幼稚園與小學的銜接重點，不少家長仍著眼於是否該送子女進入「注音符號先修班」的問題。我們訪視了兩階段的教師與父母們，他們都有話要說。小學老師說：「與其學得四不像，不如完全空白的交給我們，修正握筆姿勢與錯誤的發音，可是勤苦而難成呢！孩子們往往以爲學過了就心不在焉，於是斷送了日後學習的良好態度。幼稚園的教師及父母說：你們教我們別「偷跑」，可是卻有好多老師，孩子才入學兩、三天，就要他們抄聯絡簿、聽寫注音符號！孩子輸在起點、輸掉信心，我們也輸掉面子！

我們希望兩階段的教師及父母，對「讀書」的定義不再圍限於書本的學習與考試的成績。兒童社會化行爲與生活的學習，對其一生的影響甚遠於國字及注音符號的一百分。這是平成元年日本有感於三R（讀、寫、算）的學習外，教育還應加入孩子能否與人親愛合作，能否建立物歸原處的責任行爲，是否能適時表達自己喜、怒、哀、樂的情緒學習。我想這是「蝌蚪變青蛙」——成功進入小學學習的第一步。

要上學囉！讓我們和孩子共同檢核，新人類「新生活」的行

囊——

1. 我們將小一兒童需要的基本能力表列。

2. 請在會與不會的地方打✓，不會的親子共同努力發展。

我們的孩子是二十一世紀的「新人類」，為使他們的生活充實與圓滿，「新人類」不能再在「短、小、輕、薄」的唯我是大，「新人類」不能是處處依賴的「軟腳蝦」；「新生活」的錦囊妙計，讓孩子跨出穩健而成功的第一步。

附　錄　311

二、幼兒情意基本能力

	基本能力	會	不會	評量方式	通過標準	備註
1	早睡早起			透過聯絡手冊，父母觀察	能依父母訂定適當時間	
2	自己摺棉被			教師或父母觀察，幼兒自評	起床後幼兒會自動將棉被摺疊放好	
3	自己刷牙洗臉			父母、教師、幼兒自評	運動，飲食後會自動洗臉刷牙	
4	在飲食前及便後洗手			教師觀察，幼兒自評	會自動在飲食前及大小便後洗手	
5	會做簡單的家事			父母觀察，幼兒自評	會主動幫忙簡單家事，例如：擦桌椅、掃地、收玩具、書桌等	
6	進他人房門前會先敲門			父母、教師觀察，幼兒自評	會先敲門後再進入門內	
7	依天氣冷暖穿脫衣服			父母、教師觀察	會依身體的冷暖自動穿脫衣服	
8	注意衣著的整齊清潔			教師觀察，幼兒自評	能注意衣著的整齊	

		評量方式	
9	會主動向師長及小朋友問好	教師觀察、幼兒自評	會主動向師長、同學說「早安」「你好」
10	常說「謝」「請」「對不起」	教師觀察、幼兒互評	能適時使用「請」「謝謝」「對不起」
11	在教室或走廊小步輕聲走路	教師觀察、幼兒互評	不在教室或走廊上奔跑、喊叫
12	在吃東西時不發出聲音	教師、父母觀察、幼兒互評	能輕聲進食、不敲撞餐具
13	會將用過的東西隨時收好放回原位	教師、父母觀察、幼兒自評、互評	工作及餐點後會主動收拾整理、物歸原位
14	在觀賞節目時，安靜不喧嘩	教師、父母觀察、幼兒自評、互評	會仔細欣賞節目，說話以不讓第三者聽到的音量討論
15	不亂丟紙屑果皮	教師、父母觀察、幼兒自評、互評	會將紙屑果皮丟在垃圾筒中
16	不隨意攀折花草樹木	教師、父母觀察、幼兒自評、互評	能維護美麗環境不攀折花草樹木
17	在說話前先舉手	教師觀察、幼兒自評、互評	發表時會先舉手，等老師請他說話才說

編號	項目	評量方式	說明
18	在別人說話時，不插嘴	教師觀察、幼兒自評、互評	會等別人說話到一個段落後才接著說
19	會開關水龍頭	教師觀察、幼兒自評、互評	使用水龍頭後會記得關好
20	會以正確的方式大小便	父母、教師觀察、幼兒自評、互評	會正確的使用盥洗用具
21	能專心的做一件事	父母、教師觀察	會表現高度興趣，如專注、傾聽、認真操作的態度
22	細心觀察的態度	教師觀察	能發現物體的不同與相同處和特徵
23	自動自發的態度	教師、父母觀察，幼兒自評	會主動參與各項學習活動（生活、遊戲、工作）不需他人叮嚀
24	會自己找事做	教師、父母觀察	會依自己的興趣選擇學習活動
25	有始有終的態度	教師、父母觀察，幼兒自評	學習活動時能堅持到完成為止
26	會欣賞他人的作品	教師觀察、幼兒自評、互評	欣賞作品後會說讚美與鼓勵的話
27	有愛惜公物的態度	教師觀察、幼兒自評、互評	會正確的操作物品並保持整潔
28	有良好的說話態度	教師、父母觀察，幼兒自評	能輕聲的與人說話

編號	項目	評量方式	說明
29	有良好的聽話態度	教師、父母觀察，幼兒自評、互評	能耐心的聽別人說話
30	樂於與他人合作	教師、父母觀察，幼兒自評、互評	能愉快的和同學共同參與學習活動遊戲
31	樂於參與及分享活動	教師觀察、幼兒自評、互評	喜歡參與學習活動，並且能愉快的將學習過程和同伴分享
32	樂於幫助他人	教師觀察、幼兒自評、互評	會主動參與他人活動
33	會讚美別人	教師觀察、幼兒自評、互評	會用讚賞的語句的鼓勵他人
34	用適當的方式解決問題	教師、父母觀察	遇到困難時能用和他人商談（不可動武）的方式解決
35	會保護自己的安全	教師、父母觀察	遇到危險會求救於人，不做危險的動作傷害自己身體
36	尊重別人的所有物	教師、父母觀察，幼兒自評、互評	使用他人物品時，必先取得當事人的同意，並加以愛惜
37	參與活動時會耐心的等待	教師觀察、幼兒自評、互評	能遵守遊戲活動的規則，會排隊輪流等待
38	在團體中與人相處融洽	教師觀察、幼兒自評、互評	能表現和他人友愛、合作、不爭吵

三、幼兒認知基本能力

基本能力	會	不會	評量方式	通過標準	備註	註
1	會依序由1數到35			口頭評量	能正確由1數到35	
2	會排出1～10數字的次序			用數字卡排出	會正確排出1～10數字的順序	數字卡
3	能排出1～10中任何一個數前後的數字			用數字卡操作	給五次機會，對三次即可通過	數字卡
4	能由一副牌中數出20張			用撲克牌數出	能正確數出20張撲克牌	撲克牌
5	能正確唸出所指的數字			口頭評量	問五次，正確唸三次即算通過	數字卡
6	能將10以內的數與實物做對應結合			用數字卡與雪花片配對	能依照數字拿出正確數量的雪花片	1.數字卡 2.雪花片
7	能將10以內的實物做二種以上的分解，並做說明			用雪花片操作，說明	會用二種分解方式將雪花片任意分成兩堆，並說明每堆有多少片	
8	10個一數，會由10數到100			口頭評量	會正確的數出10, 20, …100	

	能依時間發生的次序排序四張圖片，並加以說明	用四張故事圖片操作及口述	會正確排出圖卡順序並解釋	具時間系列的圖片
9	能依時間發生的次序排序四張圖片，並加以說明	用四張故事圖片操作及口述	會正確排出圖卡順序並解釋	具時間系列的圖片
10	會分辨上下、前後、左右及中間	用椅子和積木操作（把積木放在椅子的上面、下面、前後，再把積木放在兩把椅子中間）	會依老師的指令，擺出正確的位置	椅子、積木
11	會分辨左右	指認身體上左右手（腳、耳）	能正確指出左、右手（腳、耳）	
12	會分辨遠近	用二種實物的位置說出遠近	能正確說出哪個實物離自己較遠（近）	
13	能分辨粗細	用二根粗細不同的棒子比較	會正確說出哪根棒子較粗（細）	
14	能分辨昨天、今天、明天	用日曆上的星期或日期說明	會正確說出今天是星期幾（幾日），昨天是星期幾（幾日），明天是星期幾（幾日）	日曆
15	能分辨紅、黃、藍、綠、黑、棕（咖啡色）六種顏色	用六種色板說出顏色	會正確說出六種顏色的名稱	紅、黃、藍、綠、黑、棕六種色板
16	能分辨四種（○□△◇）形狀	用四種色板分辨	能正確說出四種形狀的名稱	○□△◇四種形狀色板

17	能分 1 元 5 元 10 元的硬幣和 50 元 100 元紙幣	用 1 元 5 元 10 元的錢幣指認	能正確說出 1 元 5 元 10 元面額的硬幣和 50 元 100 元面額紙幣的幣值	1元5元10元硬幣和50元、100元紙幣
18	能將 10 個銅板兩個一組分開放置	用 10 個板做二個一數的操作	能正確將銅板二個一組，分為五組分開放置	銅板
19	能走迷宮	利用手指走迷宮圖	能正確走完迷宮圖	迷宮圖
20	能說出自己及父母的姓名，家中電話	口頭評量	能正確說出父母姓名及家裡電話	
21	能認識自己的名字	用五哥名牌辨認（同學或親戚的名字均可）	能正確指認自己的名字	
22	能說出日常生活的經驗	口頭評量	會將日常生活的經驗用完整的語句表達出來	
23	會說出自己的生日是哪一天	口頭評量	會正確說出自己的生日是×月×日	
24	能完整地背誦兒歌	口頭評量	會完整的背誦一首兒歌	

25	會正確的在語句中使用已經、以前、以後的時間副詞	口頭問答（例：師問：以前去過…，幼兒答：我以前去過…）	會正確的在語句中使用已經、以前、以後
26	能依老師的指令行事	平日觀察	能正確老師指令行事
27	能用語言表達自己的請求	平日觀察	能用語言清楚的表達自己的請求
28	會介紹自己完成的作品	口頭評量	能介紹自己完成的作品內容
29	會說一則簡單的故事	口頭評量	會說一個完整的故事
30	能簡述故事中的人、事、物	口頭評量	會簡述剛聽過故事中的人、事、物
31	會說出做某事件的理由	口頭評量	能說出做某件事的理由

四、幼兒動作基本能力

	基　本　能　力	會	不會	評　量　方　式	通　過　標　準	備	註
1	能用腳尖走步3公尺			請幼兒腳跟離地，至少走3公尺	會用腳尖走步		
2	能以腳眼抵住腳尖的方式，前進及倒退走1公尺			老師在相距1公尺的距離，請幼兒以腳眼抵住腳尖向前（後）走，老師可示範之	幼兒能以腳眼抵住腳尖向前（後）走1公尺		
3	會單腳站立10秒鐘			請幼兒用左（右）腳單腳站立10秒鐘	會單腳站立10秒鐘		
4	能用左右腳各跳3次			向幼兒說：「××，請你用左（右）腳向上跳3次」老師可先示範之	幼兒能分別左右單腳向上跳3次		
5	能單腳向前3公尺（左、左右腳均會）			請幼兒用左（右）腳，向前跳3公尺，老師可示範之	幼兒能向前跳3公尺		
6	會用腳踢球			將球放在地上，讓幼兒向前踢球	能用單腳踢球	球	

7	會單腳跳轉一圈	向幼兒說：「請以左（右）腳跳轉一圈」老師右示範之	能單腳跳轉一圈	
8	能用左右腳交替上下樓梯	平日觀察	會左右腳上下樓梯	
9	能配合節奏連續跳躍	觀察幼兒實際活動情形	幼兒能配合音樂節奏連續跳躍	音樂帶
10	能雙腳跳過10公分高的障礙物	請幼兒雙腳一起跳過障礙物	會雙腳跳過10公分高的障礙物	
11	能雙手側平舉，在平衡木走1公尺	讓幼兒雙手側平舉，走平衡木	會雙手側平舉，走平衡木1公尺	平衡木
12	在相距1.5公尺的距離，接住2次的投球	老師在相距1.5公尺的距離，丟球給幼兒接	能在相距1.5公尺的距離，5球接住2次沙袋	沙袋
13	會正確作前滾翻動作	讓幼兒在海棉墊上做前滾翻	幼兒在無協助下正確做前滾翻動作	海棉墊
14	能依圖形畫出〇十□△	老師呈現一張畫有〇十□△的白報紙請幼兒依圖形繪之	能仿繪〇十□△四種圖形	畫有〇十□△的白報紙
15	會用筷子吃東西	平日觀察	能用筷子吃東西	筷子

編號	能力項目	評量方式		評量項目	教具
16	會沿直線剪15公分長的紙條	給幼兒一張畫有15公分長的白報紙，請幼兒沿黑線剪下		能沿直線剪15公分長的紙條	畫有15公分長的白報紙
17	能垂直堆疊8塊大小積木	準備大小積木，請幼兒將積木向上堆高		會垂直堆疊8塊積木	積木
18	會用前三指抓物	請幼兒用前三指抓一小物盤		能用前三指抓物	
19	會依序穿5孔洞洞板	準備一洞洞板，請幼兒用線依序穿洞洞板		能依序穿5孔洞洞板	洞洞板
20	能將紙張撕出三種形狀	給幼兒一張白報紙，請幼兒撕出3種圖形		會將紙張撕出3種圖形	白報紙
21	能沿畫好的曲線剪紙	給幼兒一張畫有S形的B5紙，請幼兒沿S形剪下		會沿畫好的曲線剪紙	畫有S形的B5的紙
22	能將相同的圖形貼在一起	給幼兒兩個相同的圖形，請幼兒將兩個圖形黏貼在一起		會將相同的圖形黏接在一起	相同圖形紙

23	會畫出三種幾何圖形	請幼兒畫出三種圖形	能畫出三種圖形	
24	會將粗線纏繞在圓軸上	請幼兒將粗線纏繞在圓軸上	能纏粗線在圓軸上	線及圓軸
25	會自己穿脫衣服	平日觀察	能自己穿脫衣服	
26	會按左右腳穿鞋及繫鞋帶	平日觀察	能按左右腳穿鞋	
27	開關水龍頭後，會搓洗雙手	平日觀察	能開關水龍頭，並搓洗雙手。	
28	會正確使用廁所	平日觀察	能正確使用廁所，做好自理清潔的工作	
29	手指相碰	請幼兒一根手指很快地依序接觸拇指老師可先示範之	幼兒能每一根手指很快地依序接觸拇指	
30	拼圖	幼兒拼完五片式的圖片	能獨立完成五片式拼圖	拼圖

國家圖書館出版品預行編目資料

開放式幼兒活動設計：夏山學校對我國幼教的啟示
　／盧美貴著.--再版.--臺北市：心理, 1997[民 86]印刷
　　面；　　公分.--（幼兒教育；7）
　　參考書目：面
　　ISBN 978-957-702-105-2（平裝）

1.兒童—教育　　2.學前教育—課程—設計

523.23　　　　　　　　　　　　　　　　86000831

幼兒教育 7　**開放式幼兒活動設計**：夏山學校對我國幼教的啟示

作　　者：盧美貴
總 編 輯：林敬堯
發 行 人：洪有義
出 版 者：心理出版社股份有限公司
社　　址：台北市和平東路一段 180 號 7 樓
總　　機：(02) 23671490　　傳　　真：(02) 23671457
郵　　撥：19293172　心理出版社股份有限公司
電子信箱：psychoco@ms15.hinet.net
網　　址：www.psy.com.tw
駐美代表：Lisa Wu　　tel: 973 546-5845　　fax: 973 546-7651
登 記 證：局版北市業字第 1372 號
印 刷 者：玖進印刷有限公司
初版一刷：1991 年 2 月
二版一刷：1994 年 9 月
二版九刷：2009 年 1 月

定價：新台幣 260 元　　■有著作權・侵害必究■
ISBN 978-957-702-105-2

讀者意見回函卡

No._____

填寫日期：　年　月　日

感謝您購買本公司出版品。為提升我們的服務品質，請惠填以下資料寄回本社【或傳真(02)2367-1457】提供我們出書、修訂及辦活動之參考。您將不定期收到本公司最新出版及活動訊息。謝謝您！

姓名：_____　性別：1□男　2□女

職業：1□教師 2□學生 3□上班族 4□家庭主婦 5□自由業 6□其他____

學歷：1□博士 2□碩士 3□大學 4□專科 5□高中 6□國中 7□國中以下

服務單位：_____　部門：_____　職稱：_____

服務地址：_____　電話：_____　傳真：_____

住家地址：_____　電話：_____　傳真：_____

電子郵件地址：_____

書名：_____

一、您認為本書的優點：（可複選）

❶□內容 ❷□文筆 ❸□校對 ❹□編排 ❺□封面 ❻□其他____

二、您認為本書需再加強的地方：（可複選）

❶□內容 ❷□文筆 ❸□校對 ❹□編排 ❺□封面 ❻□其他____

三、您購買本書的消息來源：（請單選）

❶□本公司 ❷□逛書局⇨_____書局 ❸□老師或親友介紹

❹□書展⇨____書展 ❺□心理心雜誌 ❻□書評 ❼其他_____

四、您希望我們舉辦何種活動：（可複選）

❶□作者演講 ❷□研習會 ❸□研討會 ❹□書展 ❺□其他____

五、您購買本書的原因：（可複選）

❶□對主題感興趣 ❷□上課教材⇨課程名稱_____

❸□舉辦活動 ❹□其他_____　　（請翻頁繼續）

廣 告 回 信
台 北 郵 局 登 記 證
台 北 廣 字 第 940 號

（免貼郵票）

 心理出版社 股份有限公司

台北市 106 和平東路一段 180 號 7 樓

TEL: (02) 2367-1490
FAX: (02) 2367-1457
EMAIL:psychoco@ms15.hinet.net

沿線對折訂好後寄回

六、您希望我們多出版何種類型的書籍

　❶□心理　❷□輔導　❸□教育　❹□社工　❺□測驗　❻□其他

七、如果您是老師，是否有撰寫教科書的計劃：□有□無

　書名／課程：_____

八、您教授／修習的課程：

上學期：_____

下學期：_____

進修班：_____

暑　假：_____

寒　假：_____

學分班：_____

九、您的其他意見

_____

謝謝您的指教！　　　　　　　　　　　51007